발 행 일	|	2024년 03월 15일 (1판 1쇄)
개 정 일	|	2025년 02월 03일 (1판 4쇄)
I S B N	|	979-11-92695-19-8(13000)
정 가	|	12,000원
기 획	|	컴벤져스
집 필	|	이은경, 김지원
진 행	|	김진원
본문디자인	|	디자인앨리스
발 행 처	|	㈜아카데미소프트
발 행 인	|	유성천
주 소	|	경기도 파주시 정문로 588번길 24
홈 페 이 지	|	www.aso.co.kr

※ 이 책은 저작권법에 따라 보호를 받는 저작물이므로 무단 전재와 무단 복제를 금지하며, 이 책 내용의 전부 또는 일부를 이용하려면 반드시 ㈜아카데미소프트의 서면동의를 받아야 합니다.

코스페이시스 교수지도법

① [CHAPTER 01]에서 VR 체험으로 '코스페이시스(https://www.cospaces.io/)' 사이트를 체험하는 내용이 있습니다.

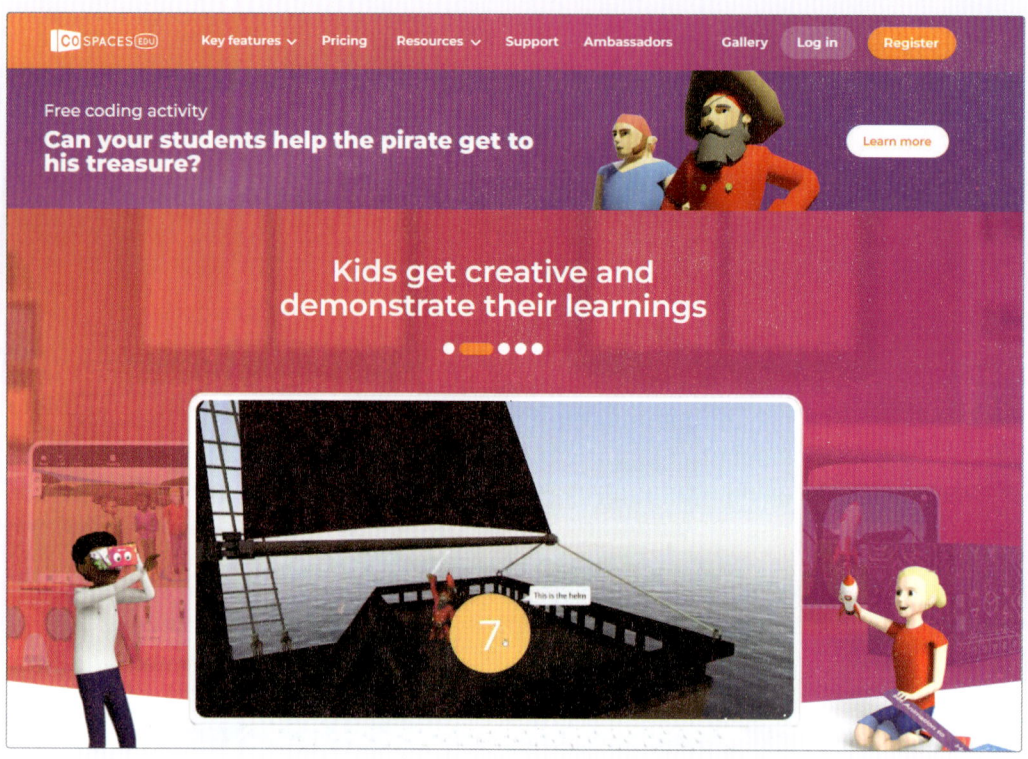

② 코스페이시스를 체험하기 위해서는 선생님 아이디와 학생 아이디를 만들어야 합니다. [학습자료]에 첨부된 '코스페이시스 교수지도법.pdf'을 확인하시기 바랍니다.

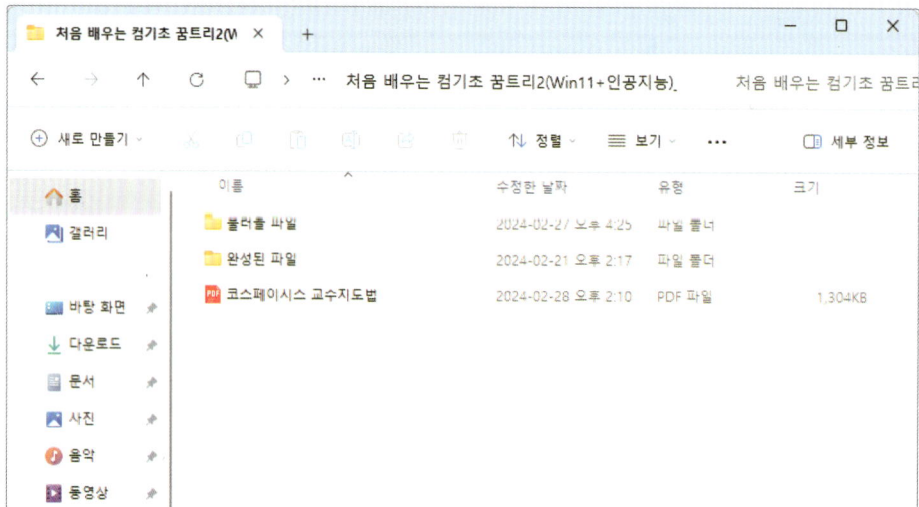

컴기초 (Win11+인공지능) 꿈트리❷

이런 내용으로 구성되어 있어요!

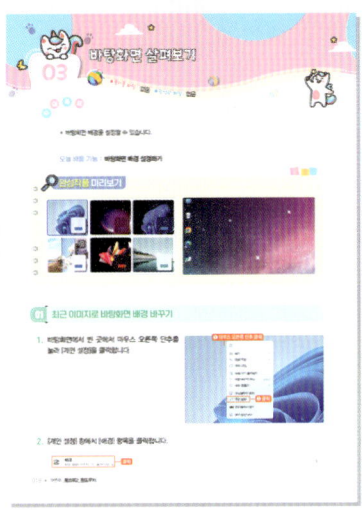

■ **완성작품 미리보기**

각 장별로 학습목표를 소개하고 완성 작품을 미리 확인할 수 있어요.

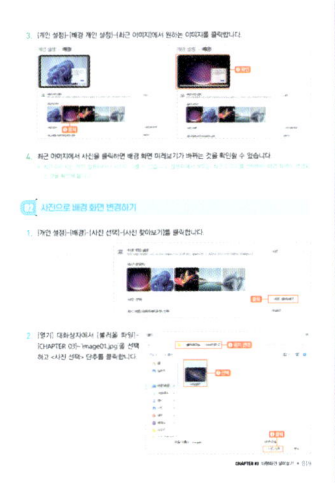

■ **본문 따라하기**

Windows11의 여러 가지 기능들을 체계적으로 학습할 수 있도록 구성되어 있어요.

■ **연습문제**

앞에서 배운 내용을 다시 한 번 복습할 수 있도록 연습문제를 제공합니다. 그리고 중간평가와 종합평가로 배운 내용을 점검할 수 있도록 구성되어 있어요.

CONTENTS

CHAPTER 01 컴퓨터의 구성요소 알아보기 — 006

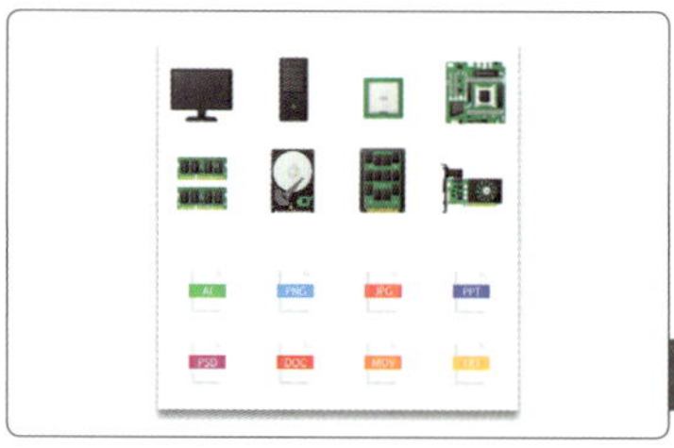

CHAPTER 02 컴퓨터와 대화하기 — 012

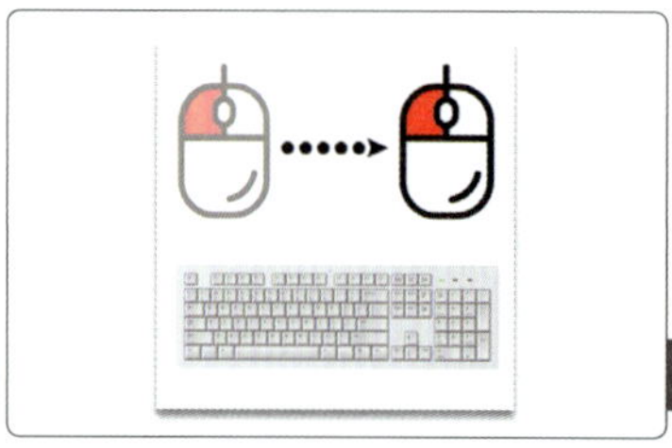

CHAPTER 03 바탕화면 살펴보기 — 018

CHAPTER 04 바탕화면 설정하기 — 024

CHAPTER 05 앱 관리하기 — 030

CHAPTER 06 파일 탐색기 — 036

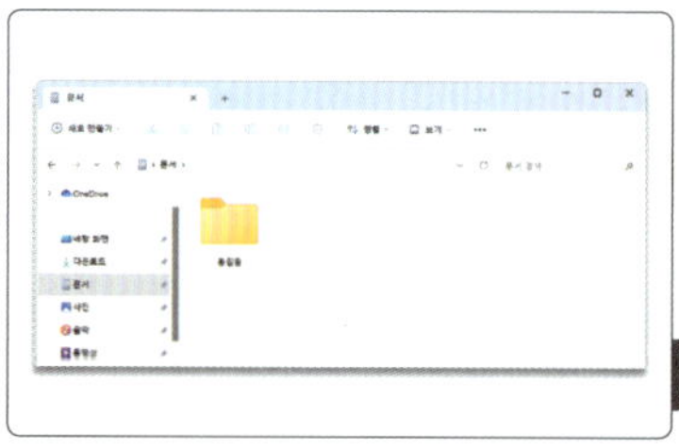

CHAPTER 07 파일과 폴더 — 042

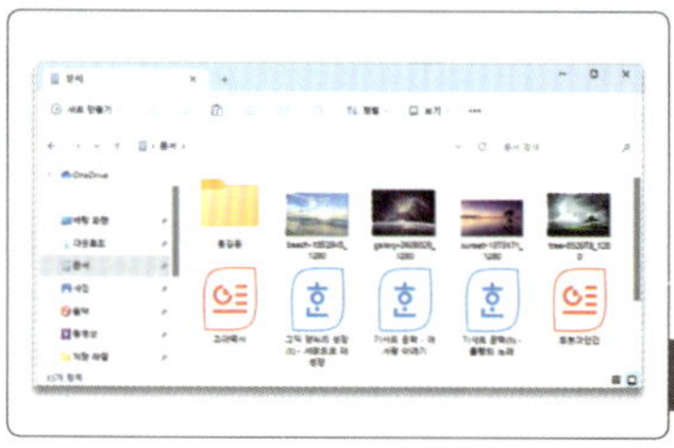

CHAPTER 08 윈도우 검색 기능 사용하기 — 048

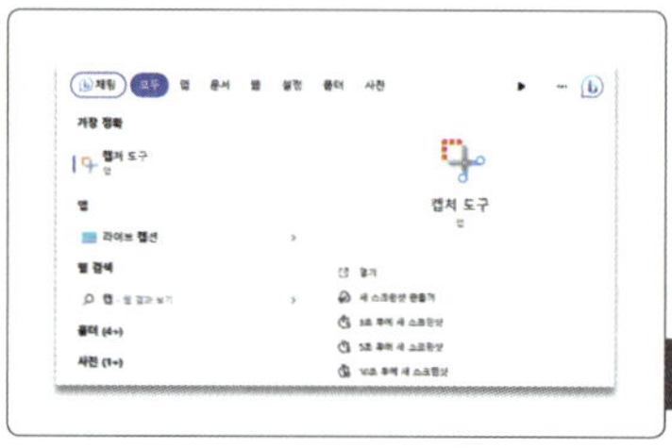

CHAPTER 09 작업표시줄 관찰하기 — 054

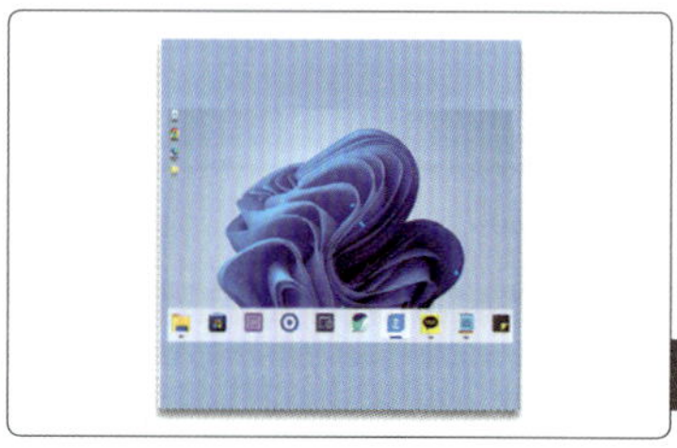

CHAPTER 10 기본 앱 활용하기 — 060

CHAPTER 11 윈도우의 여러 기능 — 066

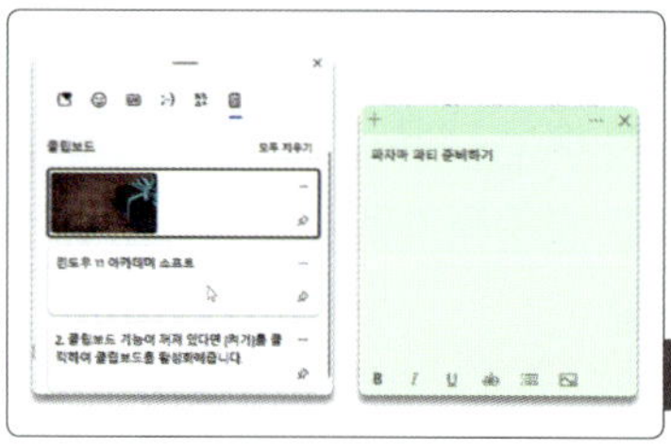

CHAPTER 12 컴퓨터로 그림그리기 — 074

중간평가 — 080

컴기초 (Win11+인공지능) 꿈트리 ❷

CHAPTER 13 이모지 사용하기 — 082

CHAPTER 14 캡처 도구 활용하기 — 088

CHAPTER 15 사진 앱 활용하기 — 094

CHAPTER 16 이미지 편집하기 — 100

CHAPTER 17 크롬 브라우저 — 106

CHAPTER 18 크롬 활용하기 — 112

CHAPTER 19 새 데스크톱 만들기 — 118

CHAPTER 20 디지털 윤리 — 124

CHAPTER 21 인공지능 사이트 체험하기 1 — 130

CHAPTER 22 인공지능 사이트 체험하기 2 — 136

CHAPTER 23 인공지능 사이트 체험하기 3 — 142

CHAPTER 24 인공지능 사이트 체험하기 4 — 148

종합평가 — 154

컴퓨터의 구성요소 알아보기

● 불러올 파일 : 없음   ● 완성된 파일 : 없음

학습목표

- 하드웨어의 다양한 종류에 대해 알아봅니다. (데스크톱, 노트북, 태블릿, 스마트폰, 웨어러블 컴퓨터)
- 소프트웨어에 대해 알아봅니다.
- 소프트웨어를 실행하고 체험해 봅니다.

오늘 배울 기능 : 컴퓨터의 구성요소를 알아보고 하드웨어와 소프트웨어를 구분해 봅니다.

완성작품 미리보기

01 하드웨어란?

'딱딱한'이라는 뜻의 하드(hard)와 '제품'이라는 뜻의 웨어(ware)의 두 단어가 복합되어 이루어진 단어로 컴퓨터를 비롯한 시스템의 물리적 구성품을 말합니다.

1. 데스크톱(Desktop)

책상 위 정해진 위치에 놓고 사용하는 개인용 컴퓨터를 말합니다.

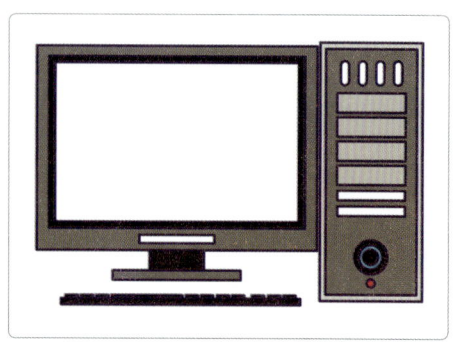

2. 노트북(Laptop)
데스크톱보다 크기가 작고 가볍기 때문에 어디서나 쉽게 들고 다닐 수 있습니다.

3. 태블릿
안드로이드 태블릿은 구글이 개발한 안드로이드 운영체제를 사용하는 태블릿이고, IOS 태블릿은 애플이 개발한 IOS 운영체제를 사용하는 태블릿입니다.

4. 스마트폰
스마트폰은 전화, 문자, 인터넷, 게임, 음악, 동영상 등 다양한 기능을 제공하는 휴대용 컴퓨터입니다. 스마트폰은 손안의 작은 컴퓨터라고 불리는 만큼 언제 어디서나 필요한 정보를 얻고 사람들과 소통하며 다양한 콘텐츠를 사용할 수 있습니다.

5. 웨어러블 디바이스
웨어러블 디바이스는 신체에 착용할 수 있는 소형 컴퓨터입니다. 스마트워치, 밴드, 안경, 목걸이, 셔츠, 신발, 생체 이식 등의 여러 종류가 있으며, 각 디바이스는 음성인식, 건강관리, 촬영, 미디어 컨트롤러, 증강현실, 가상현실 등의 기능을 제공합니다.

※ 증강현실 : 현실 세계에 가상 정보를 덧입히는 기술을 사용합니다.
※ 가상현실 : 현실 세계를 차단하고 가상 세계를 보여주는 기술을 사용합니다.

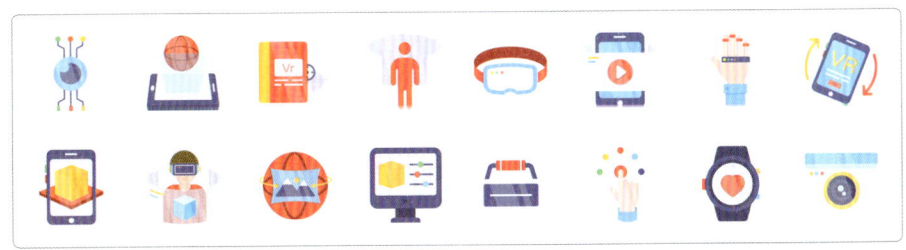

- VR 프로그램 코스페이시스(https://www.cospaces.io/)에서 나만의 정글을 만들어 봅니다.

02 소프트웨어란?

'부드러운'이라는 뜻의 소프트(Soft)와 '제품'이라는 뜻의 웨어(Ware)의 두 단어가 복합되어 이루어진 단어로 시스템 소프트웨어와 응용 소프트웨어로 구분됩니다.

1. **시스템 소프트웨어**
   사용자가 컴퓨터 하드웨어 및 각종 장치 정보를 효율적으로 사용할 수 있게 도와주는 소프트웨어를 말하며 대표적으로 운영체제가 있습니다.

2. **응용 소프트웨어(Application)**
   사용자가 컴퓨터를 사용하여 어떠한 일을 하려고 할 때 사용되는 모든 프로그램을 말합니다. 게임, 그래픽, 메신저, 파워포인트, 워드프로세서, 웹 브라우저 등이 있습니다.

3. 웹 브라이저 크롬을 실행하고 '어린이 안전넷'을 검색한 후, 검색된 내용 중 '소비자안전'을 클릭합니다.

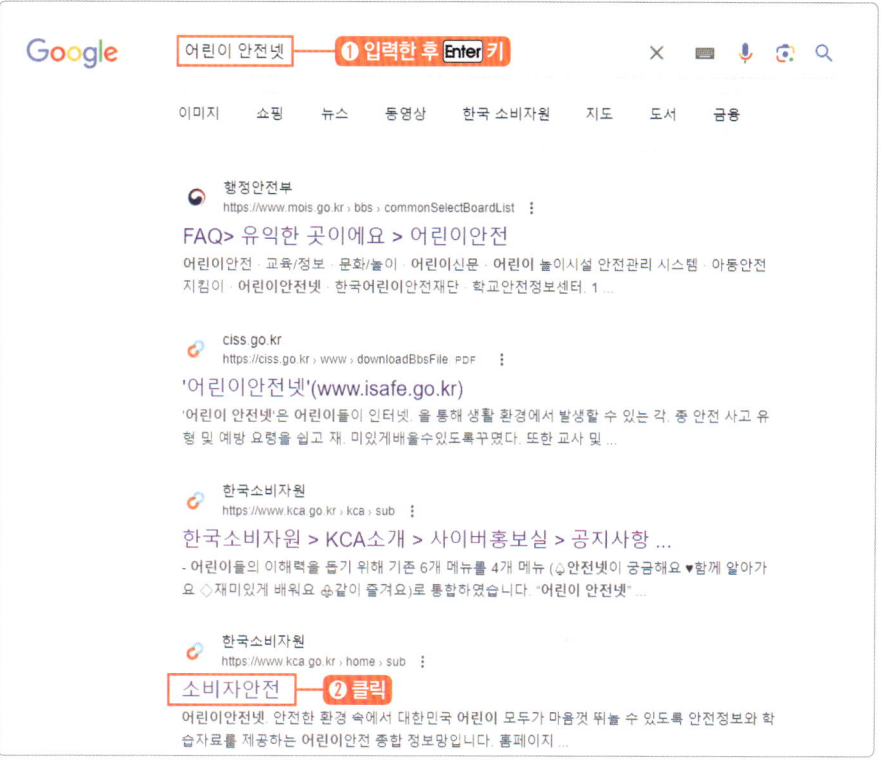

4. <홈페이지 바로가기> 단추를 클릭합니다.

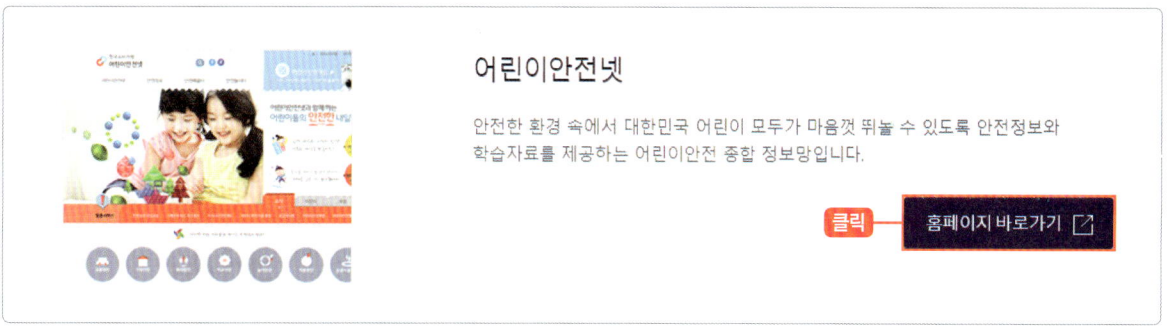

5. '어린이안전넷' 홈페이지에서 [어린이 안전게임]을 클릭합니다.

6. [어린이안전게임]에서 '같은그림 맞추기'를 클릭합니다. 이어서, [파일 탐색기]-[다운로드]에 'similarPicture.exe'가 있는지 확인합니다.

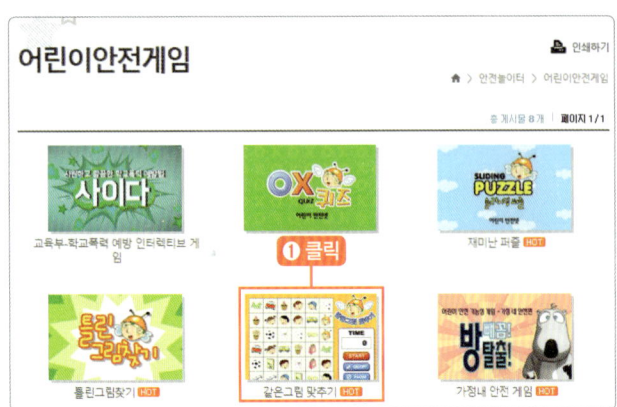 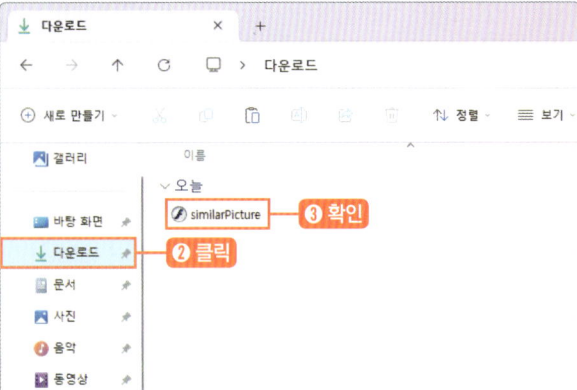

7. 다운로드 된 파일 [similarPicture.exe( )]를 더블클릭해서 실행합니다. 이어서, <START> 단추를 눌러서 게임을 시작합니다.

8. [어린이안전게임]에서 다른 안전 게임을 클릭하면 [다운로드] 폴더에 다음과 같이 파일이 생성됩니다. 파일을 더블클릭해서 실행해 봅니다.

  ※ 컴퓨터를 사용한다는 것은 응용 소프트웨어를 활용한다고 할 만큼 수 많은 앱(app)들을 활용하고 있습니다.

CHAPTER 01 연습문제

● 불러올 파일 : 없음 ● 완성된 파일 : 없음

문제 01 하드웨어와 소프트웨어를 구분해 보세요. 빈칸에 소프트웨어와 하드웨어의 번호를 적어봅니다. (❶ 소프트웨어 ❷ 하드웨어)

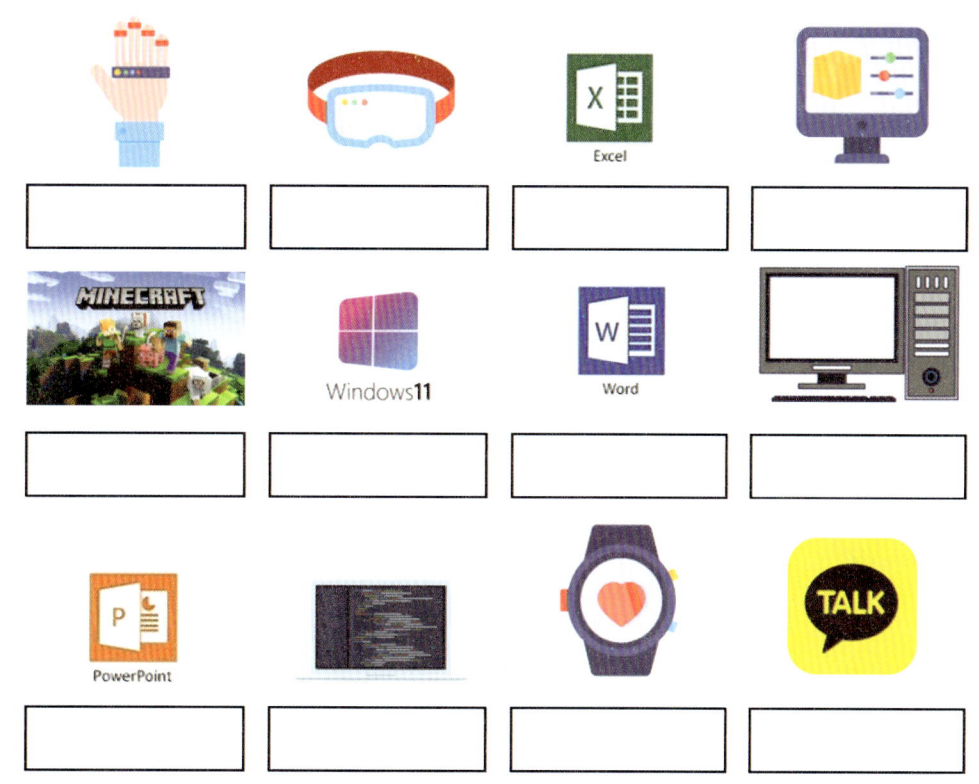

문제 02 코스페이시스에서 나만의 바다를 꾸며봅니다.

컴퓨터와 대화하기

CHAPTER 02

• 불러올 파일 : 없음   • 완성된 파일 : 없음

학습목표

- 마우스의 기능에 대해 알아봅니다.
- 마우스의 기능을 이해하고 클릭, 더블클릭, 드래그를 다양하게 실행해 봅니다.

오늘 배울 기능 : 클릭, 더블클릭, 드래그, 오른쪽 클릭

완성작품 미리보기

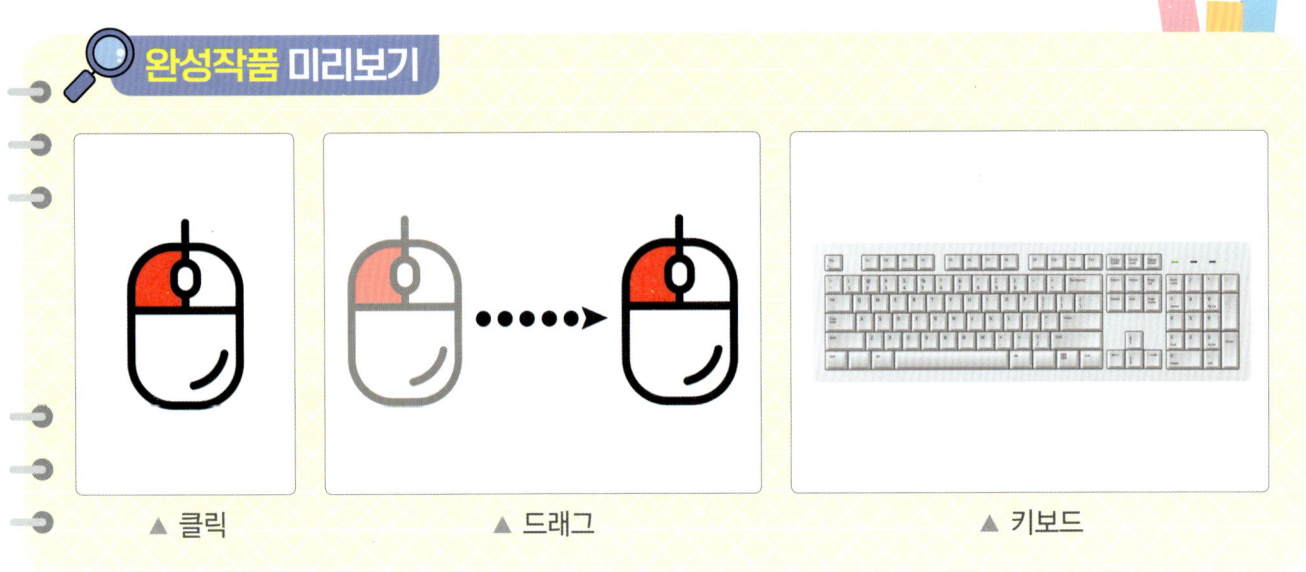

▲ 클릭   ▲ 드래그   ▲ 키보드

01 마우스의 기능 알아보기

1. 마우스 잡는 방법

아래의 사진처럼 두 손가락을 브이로 만들어 마우스 위에 올리고 마우스를 살짝 감싸 쥡니다. 마우스를 감싸 쥐고 움직이면 컴퓨터 화면에 화살표 모양의 마우스 커서가 움직이는 것을 볼 수 있습니다.

 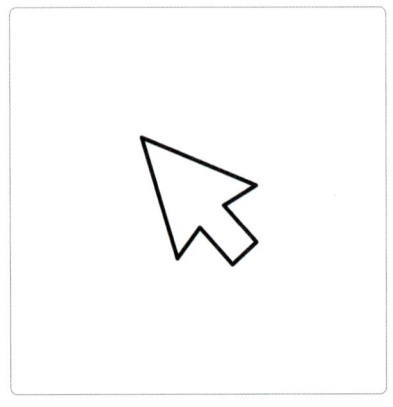

2. 클릭

마우스를 올바른 방법으로 잡았다면 검지로 마우스 왼쪽 단추를 한 번 눌렀다 떼봅니다. 마우스 왼쪽 단추를 한 번 눌렀다 떼는 것을 '클릭'이라고 합니다. 아이콘, 창 대화상자 등을 선택하거나 시작 메뉴, 작업표시줄에 있는 프로그램을 실행할 때 사용합니다.

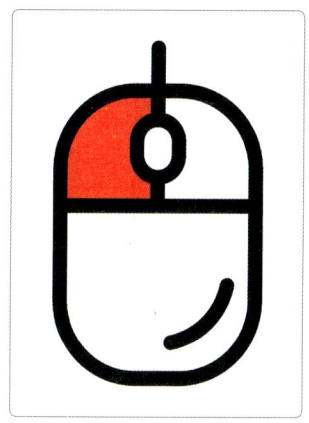

3. 더블클릭

이번에는 마우스 왼쪽 단추를 빠르게 두 번 클릭합니다. 마우스 왼쪽 단추를 빠르게 두 번 누르는 것을 '더블클릭'이라고 합니다. PC의 화면상에 있는 어플리케이션을 실행할 수 있습니다.

4. 드래그

마우스 왼쪽 단추를 누른 상태에서 마우스를 이동시키는 동작을 '드래그'라고 합니다. 파일을 이동하거나 복사할 수 있습니다. 이동할 파일을 드래그하고 이동시키고 싶은 장소에서 손가락을 떼어 놓습니다. 이 손가락을 떼어 놓는 것을 "드롭"이라고 하며, '드래그'와 '드롭' 이 두 동작을 합쳐서 '드래그 앤 드롭'이라고 합니다.

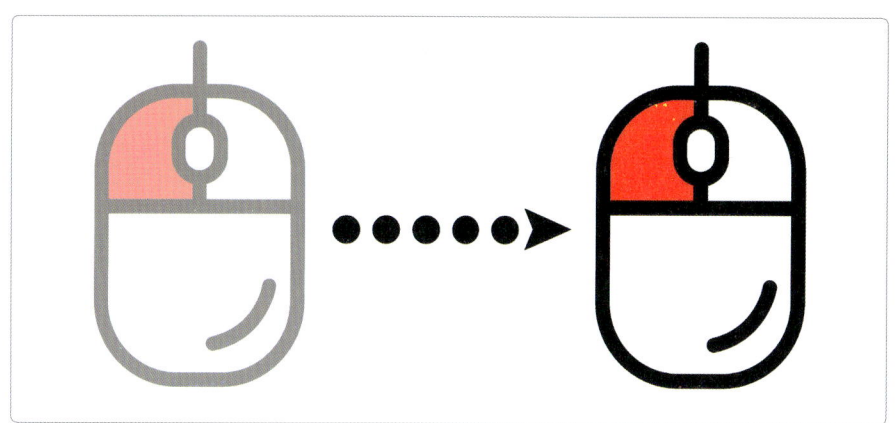

5. 오른쪽 클릭

OS나 어플리케이션(앱)에 대한 속성을 실행해 주는 것이 오른쪽 단추입니다. 오른쪽 단추를 "클릭"하면 해당 기능에 대한 속성이 나타나며, 실행하고 싶은 작업을 속성에서 선택해 "왼쪽 단추"를 클릭하면 실행됩니다. 마우스 오른쪽 클릭은 다양한 앱의 설정을 확인할 수 있습니다.

6. 마우스 포인터

모양	설명
↖	기본 포인터 마우스 모양으로 일반적인 작업을 할 때 나타나는 포인터입니다.
✥	이동할 때 나타나는 포인터로 창을 이동하거나 개체를 이동할 때 사용됩니다.
↔	창 또는 테이블의 가로 크기를 조절하는 마우스 포인터입니다. 창의 세로 테두리 부분에 마우스를 옮기면 나타납니다.
↕	창 또는 테이블의 세로 크기를 조절하는 마우스 포인터입니다. 창의 가로 테두리 부분에 마우스를 옮기면 나타납니다.
⤡	창 또는 테이블의 가로·세로 크기를 함께 조절하는 마우스 포인터입니다. 창의 모서리 부분에 마우스를 옮기면 나타납니다.
I	텍스트를 입력할 때 나타나는 포인터로 텍스트를 입력할 수 있습니다.
👆	링크를 클릭할 때 변경되는 포인터로 링크가 연결된 화면으로 이동됩니다.

7. 구글에서 '마우스 테스트 사이트'를 검색하고 검색된 사이트를 클릭합니다. 이어서, 마우스 클릭, 오른쪽 클릭, 휠 사용을 테스트해 봅니다.

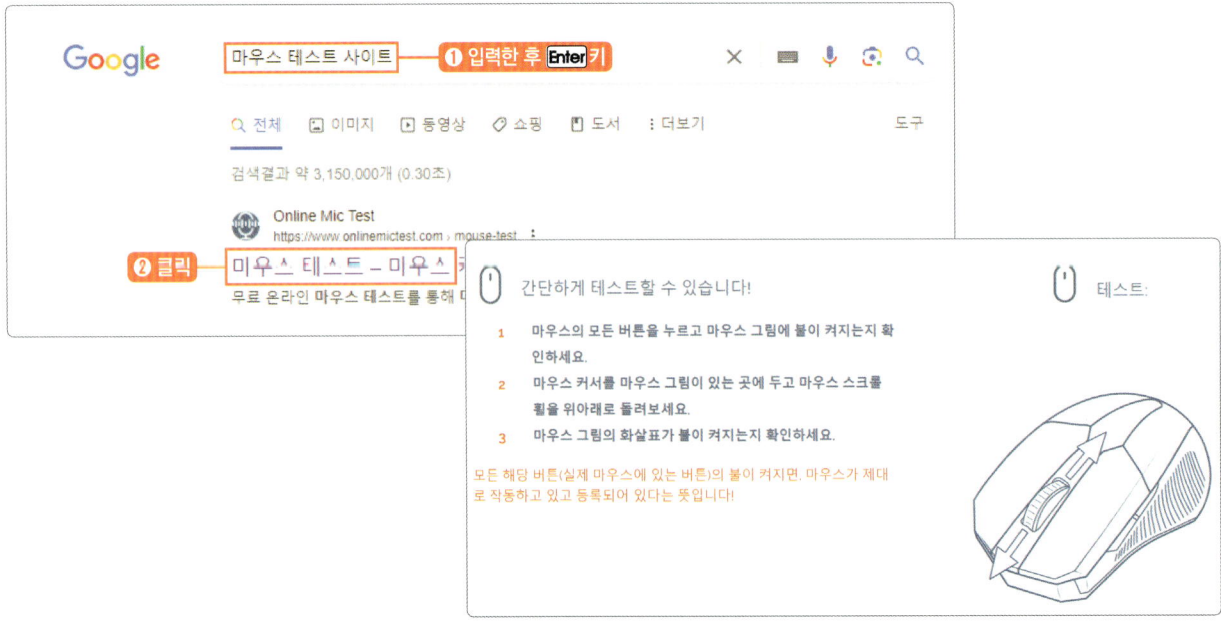

8. 구글에서 '구글퍼즐파티'를 검색하고 제일 처음 검색되는 '구글퍼즐파티'를 클릭합니다.

9. '구글퍼즐파티'에서 [게임 플레이]를 클릭합니다.

10. 원하는 작품을 클릭합니다.

11. <1인 플레이어>를 클릭합니다.

12. 퍼즐을 마우스로 드래그하여 원본 그림과 같이 맞춰봅니다.

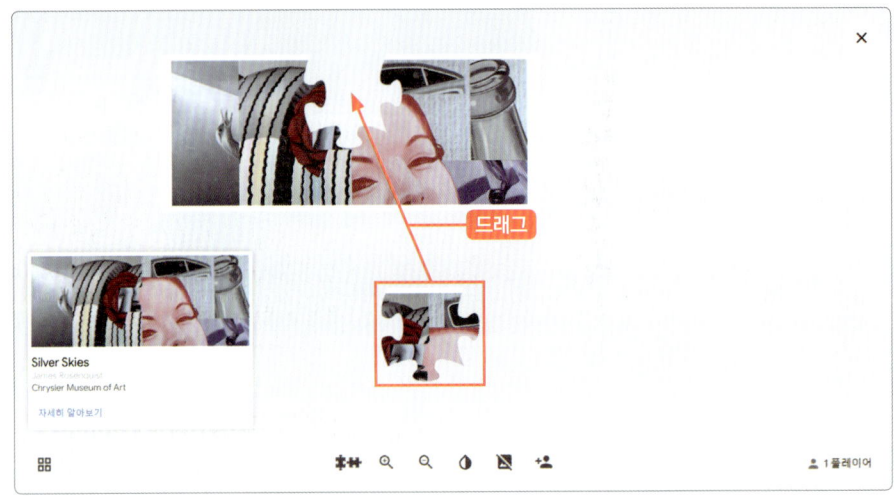

13. 퍼즐을 완료하면 [새 퍼즐]을 클릭하여 다른 그림으로 드래그 연습이 가능합니다.

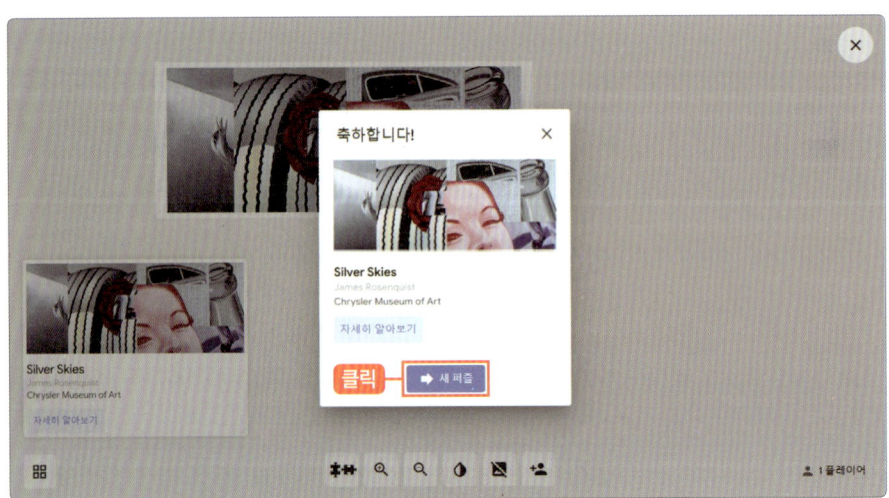

연습문제

●불러올 파일 : 없음   ●완성된 파일 : 없음

문제 01 바탕화면에 있는 '휴지통'을 클릭합니다.

문제 02 '휴지통'을 두 번 클릭(더블클릭)하여 휴지통을 실행합니다.

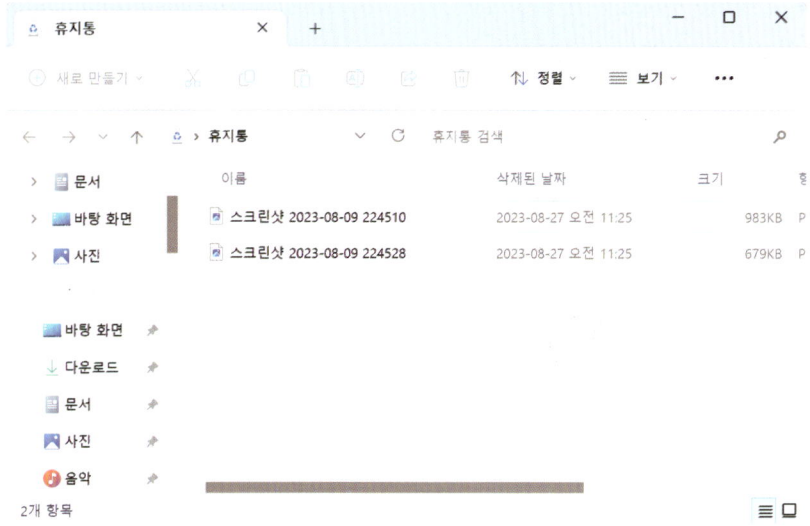

문제 03 바탕화면의 빈 곳에서 마우스 오른쪽 단추를 클릭하고 메뉴 창이 나타나는지 확인합니다.

03 바탕화면 살펴보기

● 불러올 파일 : 없음   ● 완성된 파일 : 없음

학습목표

- 바탕화면 배경을 설정할 수 있습니다.

오늘 배울 기능 : 바탕화면 배경 설정하기

완성작품 미리보기

01 최근 이미지로 바탕화면 배경 바꾸기

1. 바탕화면에서 빈 곳에서 마우스 오른쪽 단추를 눌러 [개인 설정]을 클릭합니다.

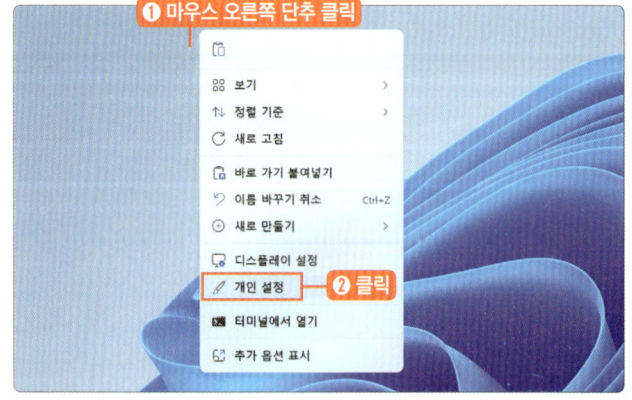

2. [개인 설정] 창에서 [배경] 항목을 클릭합니다.

3. [개인 설정]-[배경 개인 설정]-[최근 이미지]에서 원하는 이미지를 클릭합니다.

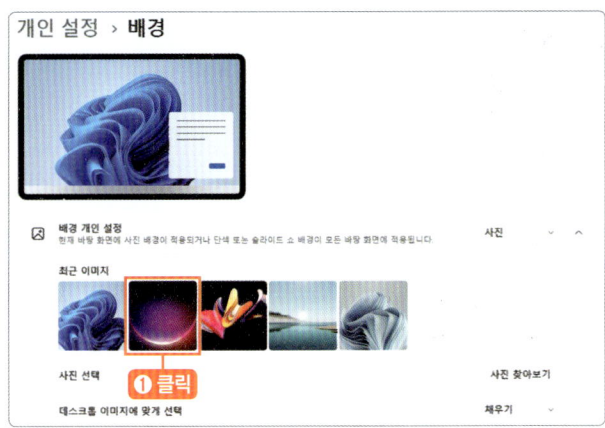 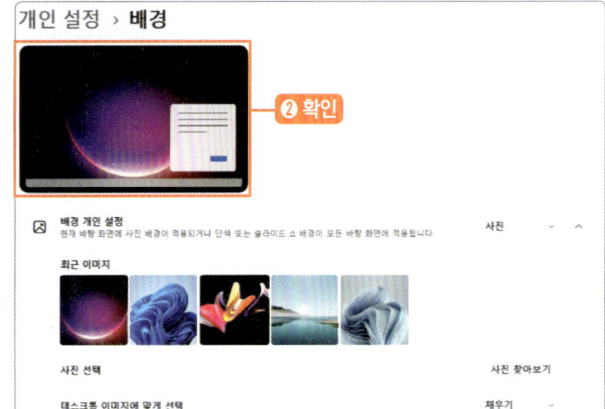

4. 최근 이미지에서 사진을 클릭하면 배경 화면 미리보기가 바뀌는 것을 확인할 수 있습니다.
   ※ 최근 이미지는 개인 컴퓨터마다 사진이 다를 수 있습니다. 컴퓨터에서 보이는 최근 이미지를 선택하여 배경 화면이 변경되는 것을 확인해 봅니다.

02 사진으로 배경 화면 변경하기

1. [개인 설정]-[배경]-[사진 선택]-[사진 찾아보기]를 클릭합니다.

2. [열기] 대화상자에서 [불러올 파일]-[CHAPTER 03]-'image01.jpg'을 선택하고 <사진 선택> 단추를 클릭합니다.

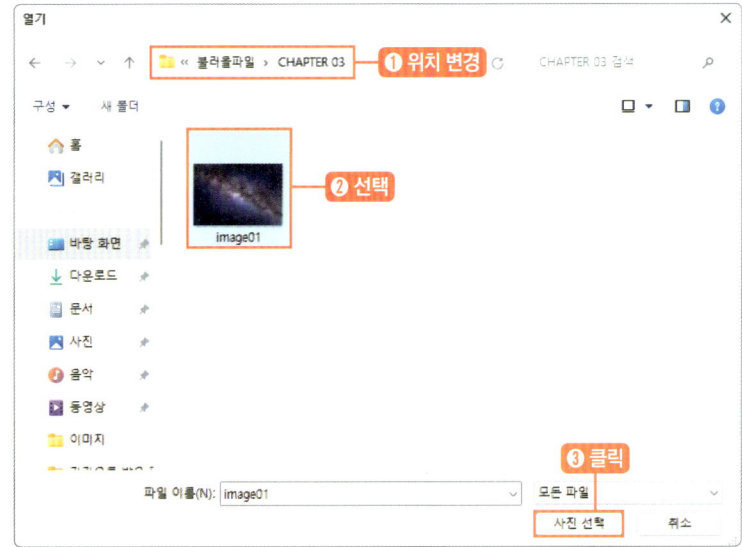

3. 배경 화면이 선택한 사진으로 변경되는 것을 확인할 수 있습니다.

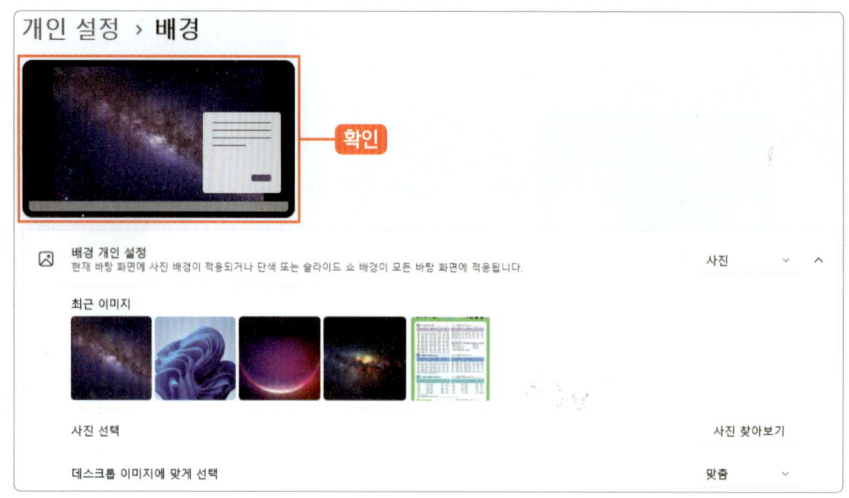

03 화면에 맞게 사진 조절하기

1. 바탕화면 오른쪽 단추를 클릭한 후, [개인 설정]-[배경]에서 [데스크톱 이미지에 맞게 선택] 옆에 있는 [채우기]를 클릭하면 다양하게 이미지를 조절할 수 있습니다.

이미지 조절 옵션
- **채우기** : 배경 화면으로 설정할 사진을 화면에 맞추어 여백 없이 설정합니다.
- **맞춤** : 배경 화면으로 설정할 사진을 사진 크기에 맞게 설정합니다.
- **확대** : 작은 사진을 크게 확대하여 배경 화면으로 설정합니다.
- **바둑판식 배열** : 작은 사진을 바둑판식으로 반복하여 배열합니다.
- **가운데** : 배경 화면으로 설정할 사진을 가운데에 위치시킵니다.
- **스팬** : 가로로 긴 파노라마 사진을 배경 화면으로 설정할 때 설정합니다.

2. [데스크톱 이미지에 맞게 선택]에서 [맞춤]은 사진 크기에 맞게 설정되어 여백이 발생합니다. 여백은 배경 색을 선택하여 지정할 수 있습니다.

04 단색으로 배경 화면 설정하기

1. 바탕화면에서 [마우스 오른쪽 단추]-[개인 설정]-[배경]-[사진]-[단색]을 선택합니다.

2. 배경색을 선택하면 선택한 색상으로 배경 화면이 변경되는 것을 확인할 수 있습니다.

3. [사용자 지정 색]-[색 보기]를 클릭하여 원하는 색상을 지정한 후, <완료> 단추를 클릭합니다.

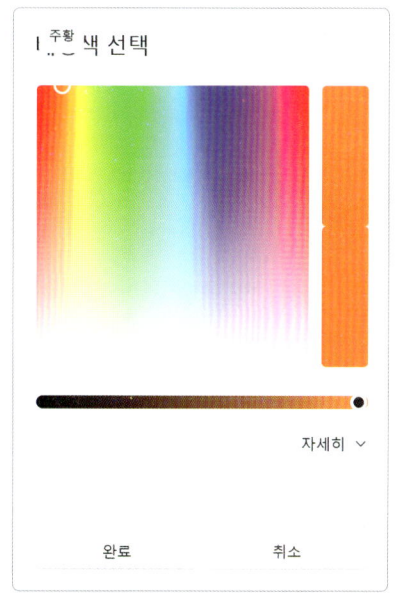 

05 슬라이드 쇼로 배경 화면 변경하기

※ 슬라이드 쇼는 선택한 사진을 일정 시간 동안 자동으로 변경되며 배경 화면을 바꿀 수 있는 기능입니다.

1. 바탕화면에서 [마우스 오른쪽 단추]-[개인 설정]-[배경]-[사진]-[슬라이드 쇼]를 선택합니다.

2. [찾아보기]를 클릭한 후, [폴더 선택] 대화상자에서 [불러올 파일]-[CHAPTER 03]을 선택하고 <이 폴더 선택> 단추를 클릭합니다.

3. [다음 간격마다 사진 변경]을 '1분'으로 클릭한 다음 [그림 순서 섞기]를 '켬'으로 클릭하면 1분 간격으로 배경 화면이 변경되는 것을 확인할 수 있습니다.

슬라이드 쇼 사진 설정
- 다음 간격마다 사진 변경 : 사진들이 변경될 시간을 설정합니다.
- 그림 순서 섞기 : 파일에 있는 사진의 순서를 섞어서 무작위로 설정합니다.
- 데스크톱 이미지에 맞게 선택 : 여러 가지 옵션으로 사진 크기를 조절할 수 있습니다.

CHAPTER 03 연습문제

●불러올 파일 : 없음   ●완성된 파일 : 없음

문제 01 배경 개인 설정을 [단색]으로 설정하고 '퍼플 섀도'로 바꾸어 봅니다.

문제 02 배경 개인 설정을 [사진]으로 설정하고 다음과 같은 사진으로 바꾸어 봅니다.

문제 03 바탕화면의 빈 곳에서 마우스 오른쪽 단추를 클릭하고 메뉴 창이 나타나는지 확인합니다.

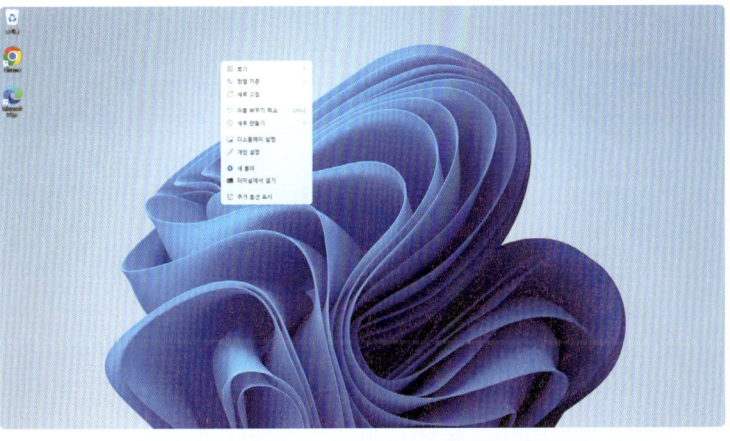

바탕화면 설정하기

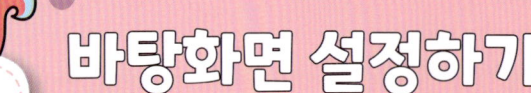

● 불러올 파일 : 없음   ● 완성된 파일 : 없음

학습목표

- 웹 이미지를 저장할 수 있습니다.
- 저장한 사진을 배경 화면으로 설정할 수 있습니다.
- 이미지 확장자를 알 수 있습니다.

오늘 배울 기능 : 웹 이미지 저장하기, 배경 화면 바꾸기, 이미지 확장자 알기

완성작품 미리보기

01 웹 이미지 저장하기

1. 작업표시줄에서 크롬( )을 클릭하여 실행합니다.

2. 검색창에 '픽사베이'를 검색하고 픽사베이 사이트를 클릭합니다.

3. 픽사베이 검색창에 '바다'를 입력하고 Enter 키를 누릅니다.

4. 다음 사진을 찾아 선택하고 오른쪽의 [다운로드]를 클릭한 다음 이미지의 크기를 선택한 후, <다운로드>를 클릭합니다.

5. 다운로드가 완료되면 오른쪽 위쪽 다운로드 이미지를 클릭하면 파일명을 확인할 수 있습니다.

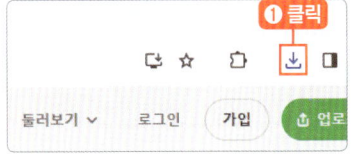

6. 다운로드 파일의 오른쪽 폴더모양 아이콘(📁)을 클릭하면 사진이 [다운로드] 폴더에 저장되어 있는 것을 확인할 수 있습니다.

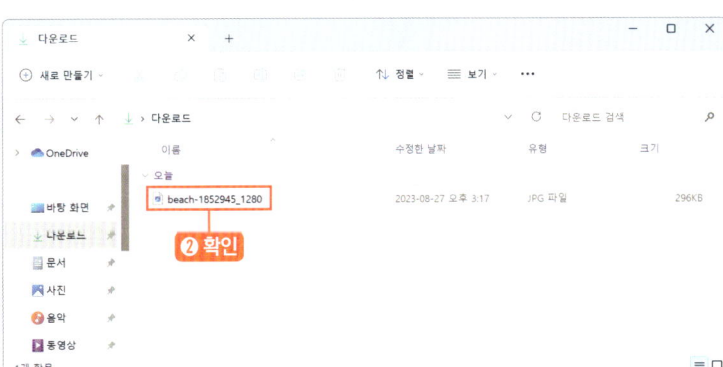

02 저장한 사진으로 배경 화면 바꾸기

1. 바탕화면에서 마우스 오른쪽 단추를 눌러 [개인 설정]을 클릭합니다.

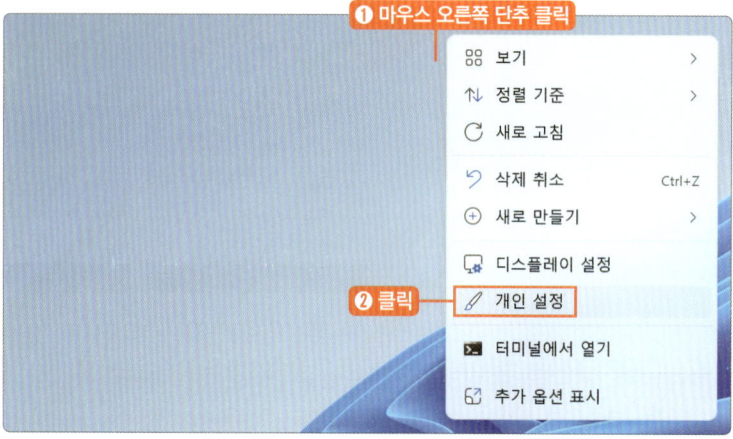

2. [개인 설정] 창에서 배경을 클릭하고 '사진 선택'에서 <사진 찾아보기>를 클릭합니다.

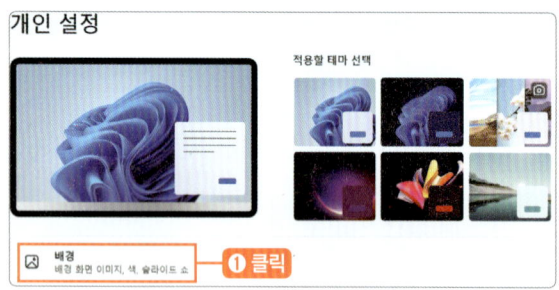 

3. [열기] 대화상자가 나오면 [다운로드] 폴더를 클릭한 후, 픽사베이에서 저장한 사진을 선택하고 <사진 선택> 단추를 클릭합니다.

   ※ 다운로드 받은 사진이 없다면 [불러올 파일]-[CHAPTER 04] 폴더의 사진을 선택합니다.

4. 바탕화면 미리보기가 저장한 '바다' 사진으로 바뀐 것을 확인할 수 있고 [최근 이미지]에도 추가된 것을 확인할 수 있습니다.

03 이미지 확장자 알기

1. 픽사베이에서 '구름'을 입력하고 검색합니다.

2. 다음 사진을 찾아 <다운로드>를 클릭하여 사진을 저장합니다.

3. [다운로드] 폴더의 '유형' 항목에서 파일 형식을 확인할 수 있습니다.

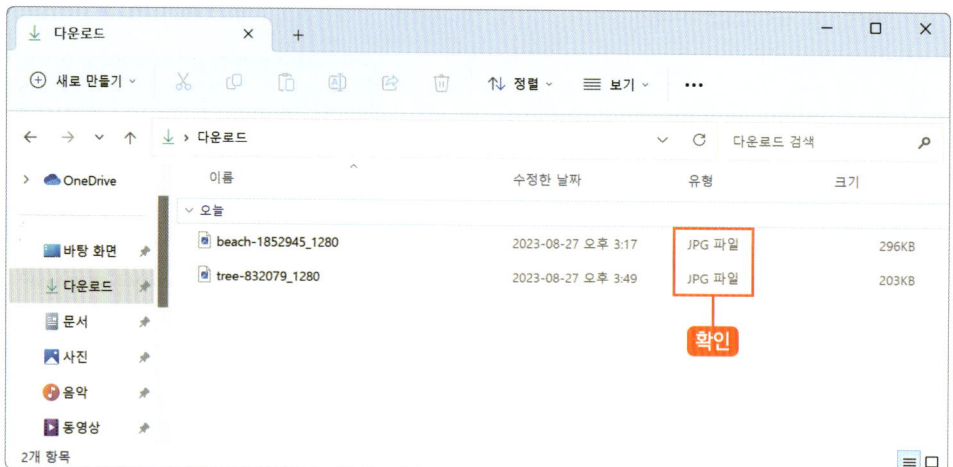

 **TIP**

이미지 유형(확장자)의 대표적인 종류

- jpg : 가장 많이 사용하는 이미지 확장자
- png : 투명 배경을 저장할 수 있는 이미지 확장자
- gif : 움직이는 사진을 저장하기 위한 확장자

CHAPTER 04 연습문제

●불러올 파일 : 없음　●완성된 파일 : 없음

문제 01　픽사베이에서 '하늘'을 검색하여 마음에 드는 사진을 [다운로드] 폴더에 저장합니다.

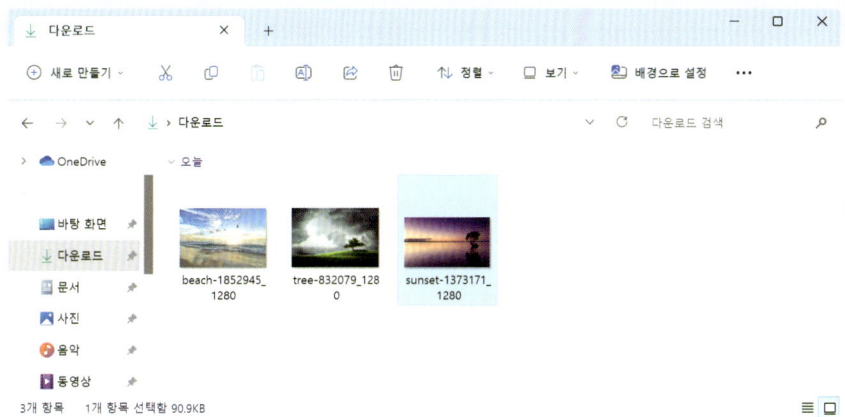

문제 02　저장한 사진을 배경 화면으로 설정합니다.

문제 03　픽사베이에서 '우주'를 검색하고 마음에 드는 사진을 다운로드 폴더에 저장합니다.

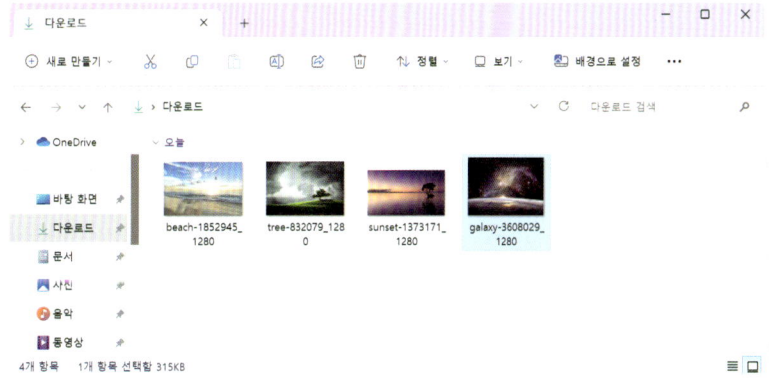

CHAPTER 05 앱 관리하기

● 불러올 파일 : 없음   ● 완성된 파일 : 없음

학습목표

- 컴퓨터에서 자주 사용하는 프로그램을 알 수 있습니다.
- 시스템 정보를 참고하여 여러 정보를 알 수 있습니다.

오늘 배울 기능 : 계산기, 메모장, 날씨, 시계, 지도 알아보기, 시스템 정보

완성작품 미리보기

01 컴퓨터에서 자주 사용하는 프로그램 알아보기

1. 작업표시줄의 검색창에서 '계산기'를 입력합니다.

2. 계산기 앱의 [열기]를 클릭하면 계산기 앱이 실행됩니다. 마우스로 숫자들을 클릭하거나 키보드의 숫자 패드로 숫자를 입력하여 계산을 할 수 있습니다.

3. 계산기 왼쪽 위 [탐색 열기(≡)]를 클릭하면 다양한 계산기의 기능 목록을 확인할 수 있습니다.

4. 계산기 [탐색 열기]-[날짜 계산]을 클릭합니다. 이어서, 날짜 간 차이를 선택하고 시작일을 입력하면 오늘까지의 날짜를 계산할 수 있습니다.

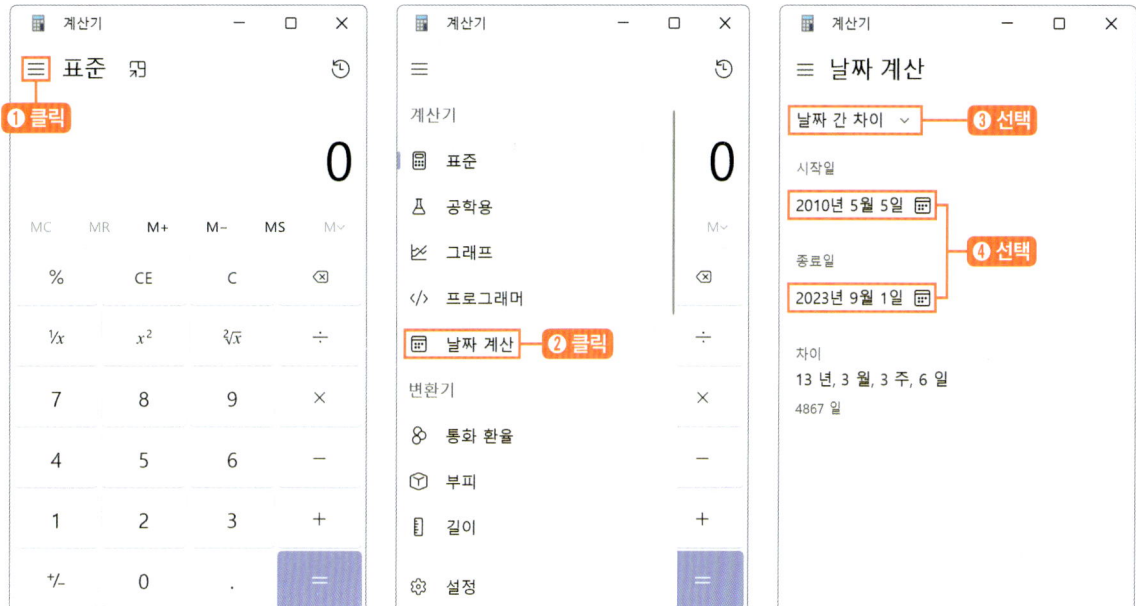

5. 작업표시줄의 검색에서 '메모장'을 입력합니다.

6. 메모장 앱의 [열기]를 클릭하면 메모장 앱이 실행됩니다. 이어서, 메모하고 싶은 내용을 입력하여 사용할 수 있습니다.

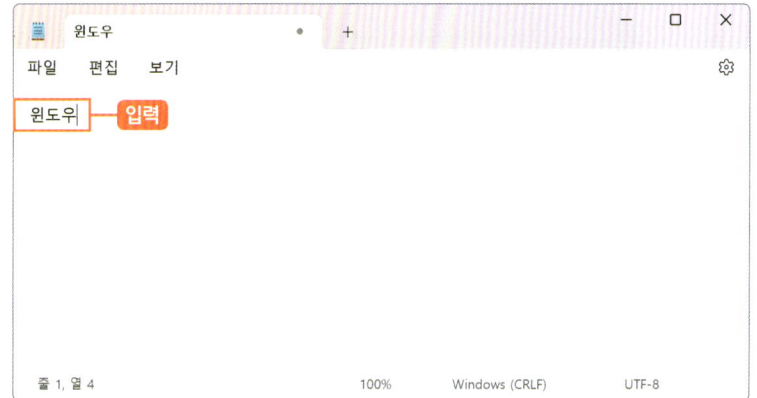

7. 작업표시줄의 검색에서 '날씨'를 입력합니다.

8. 날씨 앱의 [열기]를 클릭하면 날씨 앱이 실행됩니다. 이어서, 날씨를 확인할 수 있으며 오른쪽 위 '위치 찾기'를 클릭하여 다른 지역의 날씨를 알 수 있습니다.

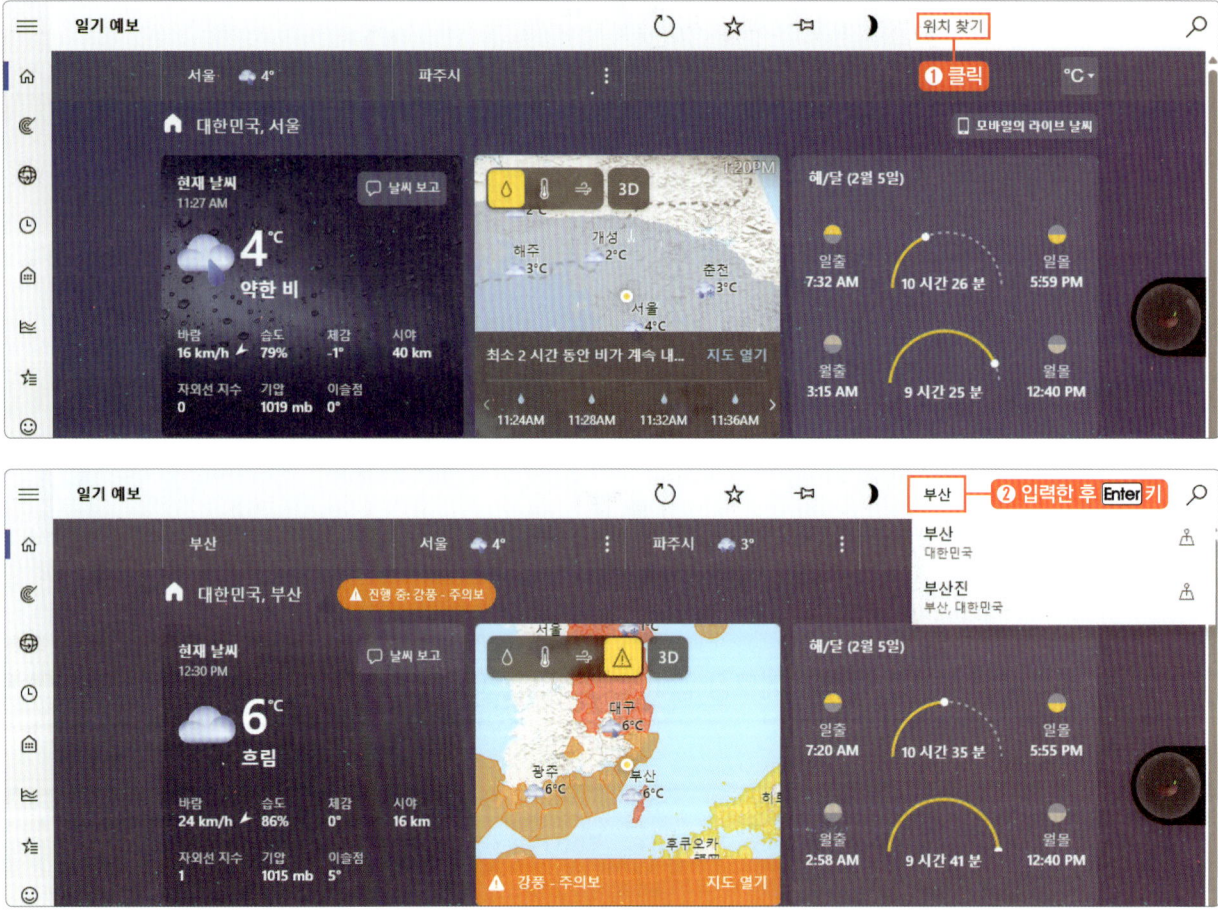

9. 작업표시줄의 검색에서 '시계'를 입력합니다.

10. 시계 앱의 [열기]를 클릭하면 시계 앱이 실행됩니다. 이어서, 집중 세션, 타이머, 알람, 스톱워치, 세계 시계를 사용할 수 있습니다.

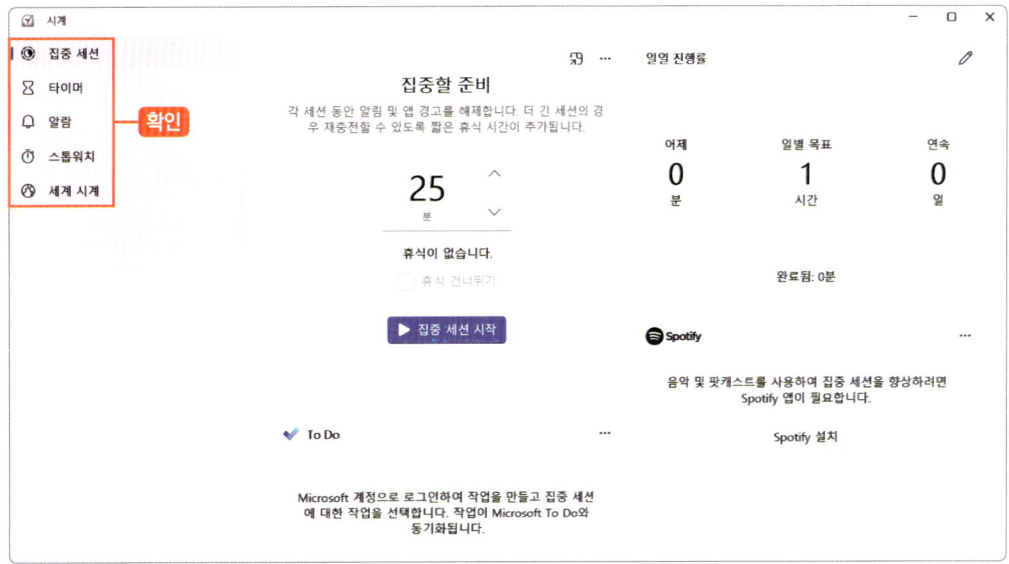

11. 작업표시줄의 검색에서 '지도'를 입력합니다.

12. 지도 앱의 [열기]를 클릭하고 지도 앱을 실행하여 길 찾기를 이용할 수 있고 주변 지리를 확인할 수 있습니다.

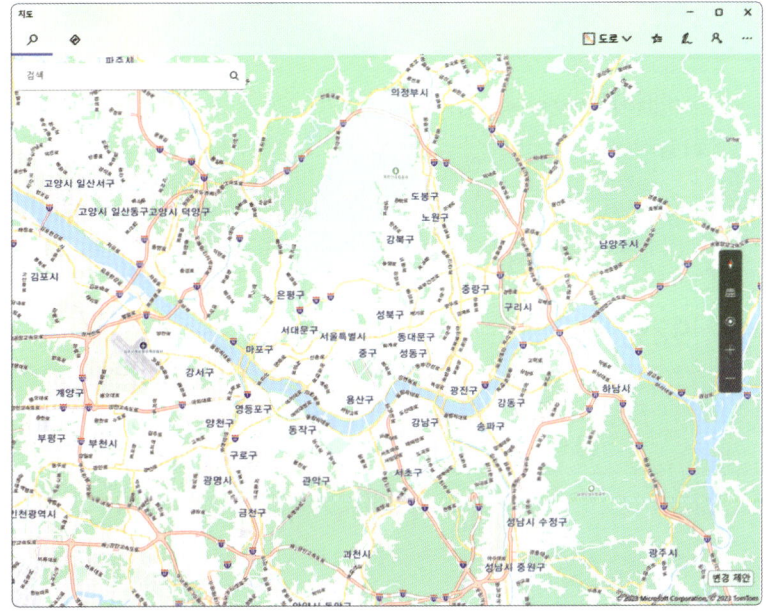

02 시스템 정보 알아보기

1. 작업표시줄의 검색에서 '설정'을 입력합니다.

2. 설정 앱의 [열기]를 클릭하면 설정 앱이 실행됩니다.

3. 시스템 설정 창에서 디스플레이, 소리, 전원 및 배터리(노트북에만 있습니다.), 정보에 대한 설정을 할 수 있습니다.

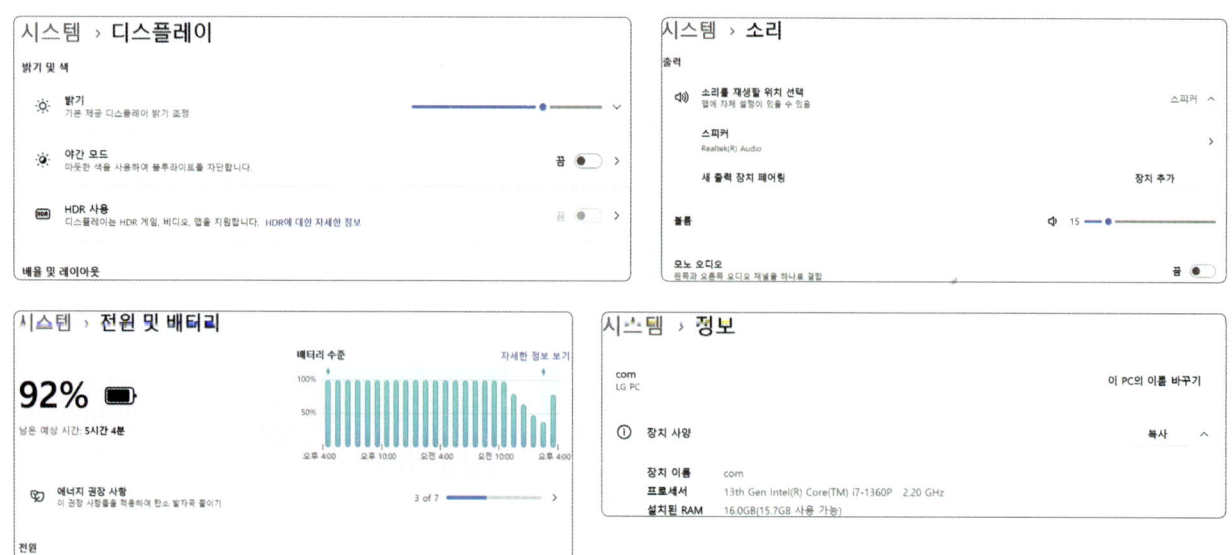

CHAPTER 05 연습문제

● 불러올 파일 : 없음   ● 완성된 파일 : 없음

문제 01 검색에서 '계산기'를 실행하고 [탐색 열기]-[무게 및 질량]을 선택한 다음 10파운드가 몇 킬로그램인지 확인해 봅니다.

※ 통화 환율, 부피, 길이등 다양한 변환을 실행해 봅니다.

문제 02 검색에서 '메모장'을 검색하고 '자주 쓰는 프로그램 알아보기'를 입력합니다.

CHAPTER 06 파일 탐색기

● 불러올 파일 : 없음   ● 완성된 파일 : 없음

학습목표

- 파일 탐색기를 실행하고 구성을 알 수 있습니다.
- 새로운 폴더를 만들고 삭제할 수 있습니다.

오늘 배울 기능 : 파일 탐색기 실행 및 화면 구성, 폴더 만들기와 삭제하기

완성작품 미리보기

01 파일 탐색기 실행 및 화면 구성

1. 작업표시줄에서 [파일 탐색기( )]를 클릭하여 실행합니다.

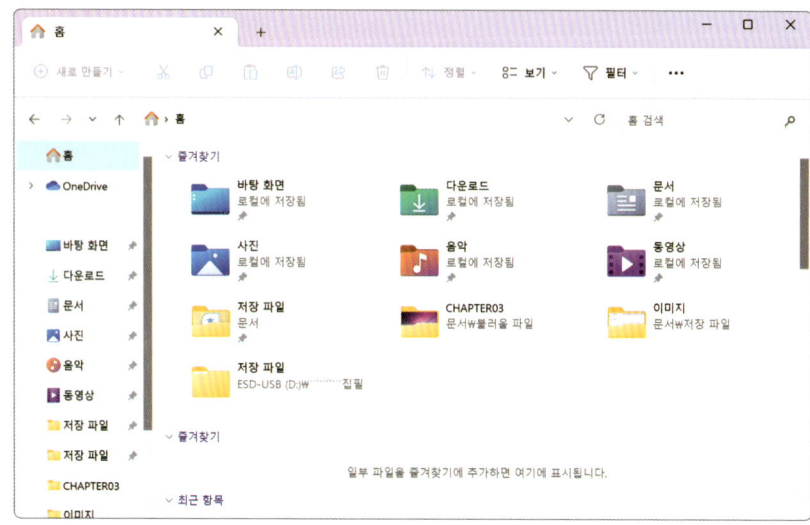

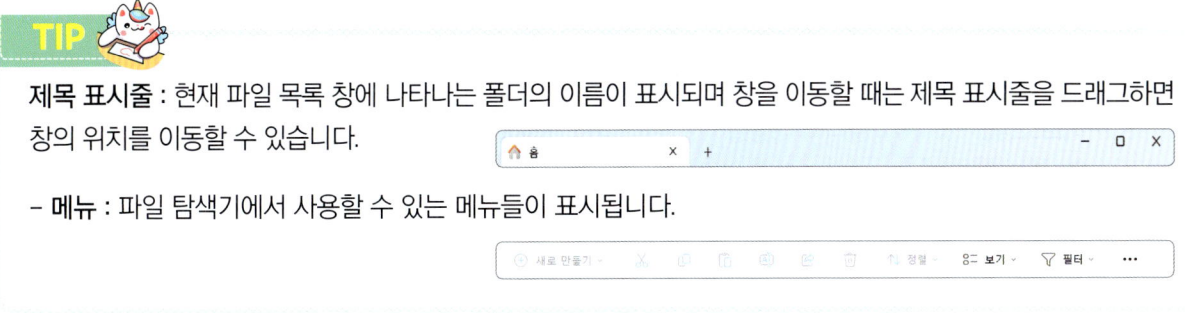

제목 표시줄 : 현재 파일 목록 창에 나타나는 폴더의 이름이 표시되며 창을 이동할 때는 제목 표시줄을 드래그하면 창의 위치를 이동할 수 있습니다.

- **메뉴** : 파일 탐색기에서 사용할 수 있는 메뉴들이 표시됩니다.

2. 메뉴의 새로 만들기를 클릭하면 폴더, 문서, 압축파일, 바로 가기 등 해당 항목을 빠르게 만들 수 있습니다.

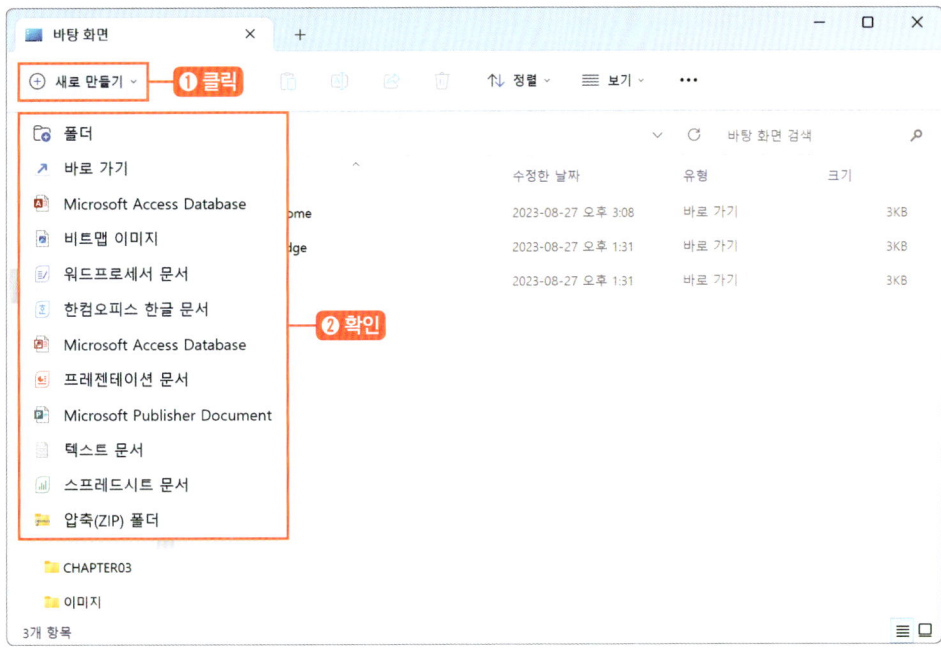

3. 메뉴 오른쪽의 [자세히 보기(…)]를 클릭하면 즐겨찾기에 고정, 실행 취소, 선택, 옵션 등 더 많은 메뉴를 확인할 수 있습니다.

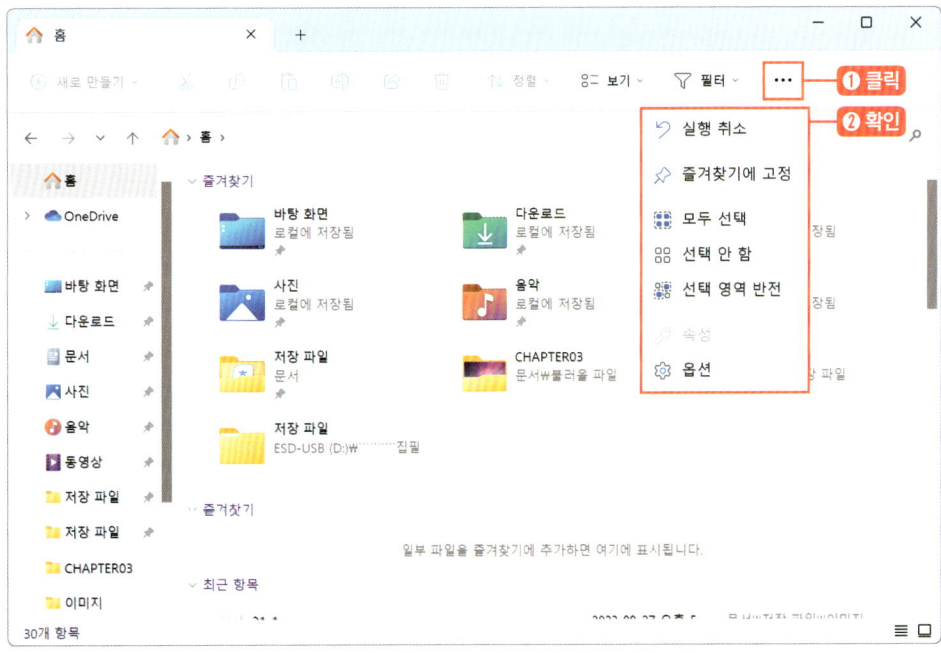

TIP

앞으로, 뒤로, 위로(← → ∨ ↑) : 이전 화면, 다음 화면, 상위 폴더로 이동을 할 수 있습니다.

- **새로고침**(C) : 현재 폴더의 내용을 다시 불러와서 표시해 줍니다.
- **검색창**(바탕 화면 검색) : 검색어를 입력하여 파일이나 폴더를 쉽고 빠르게 찾을 수 있습니다.

- **탐색 창** : 바탕 화면, 다운로드 등 각 폴더로 쉽게 이동할 수 있습니다.
- **파일 목록** : 현재 폴더에 있는 파일 목록을 확인할 수 있습니다.

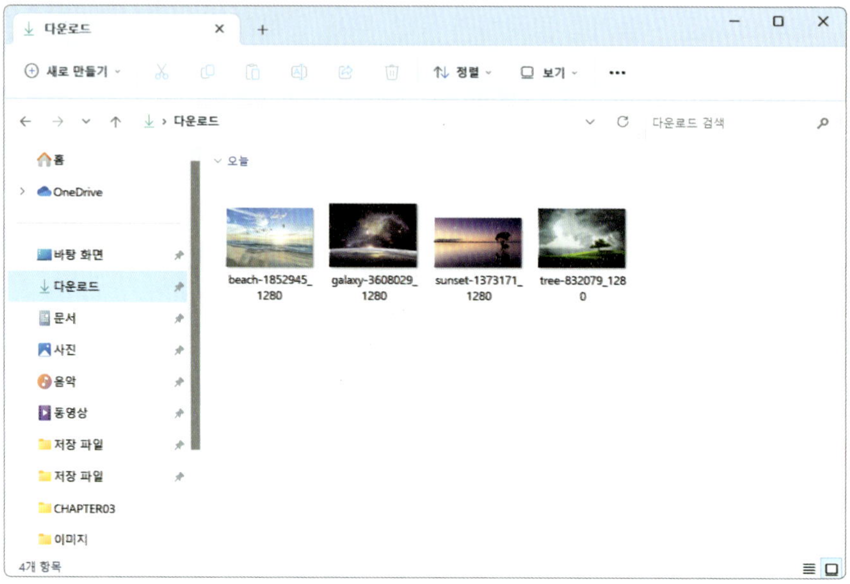

- **주소 표시줄** : 현재 열어놓은 폴더의 경로를 볼 수 있습니다.

02 새로운 폴더 만들기

1. 작업표시줄에서 파일 탐색기 아이콘(📁)을 클릭합니다.

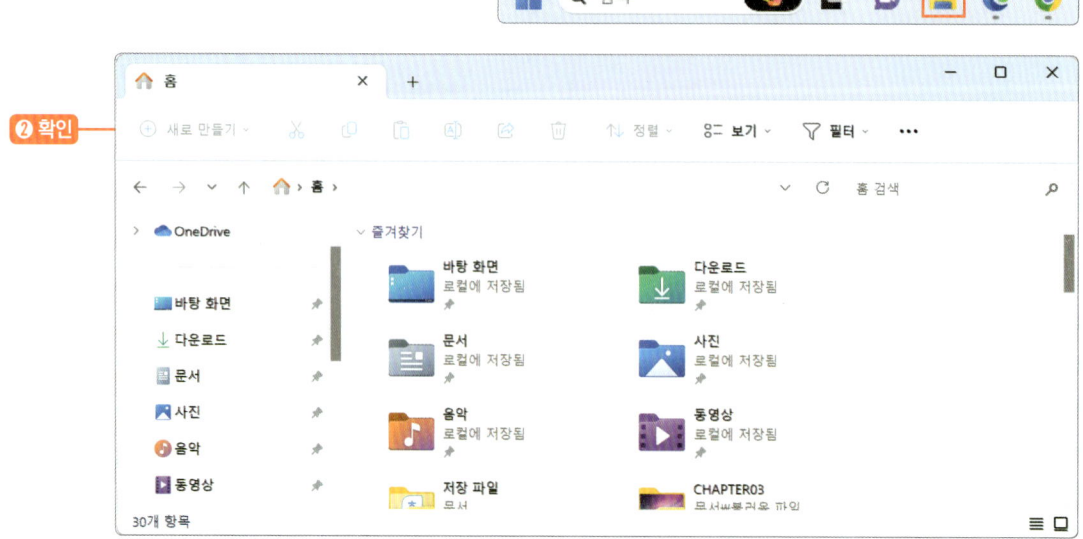

2. 탐색 창에서 [문서]를 클릭하여 폴더를 열어줍니다.

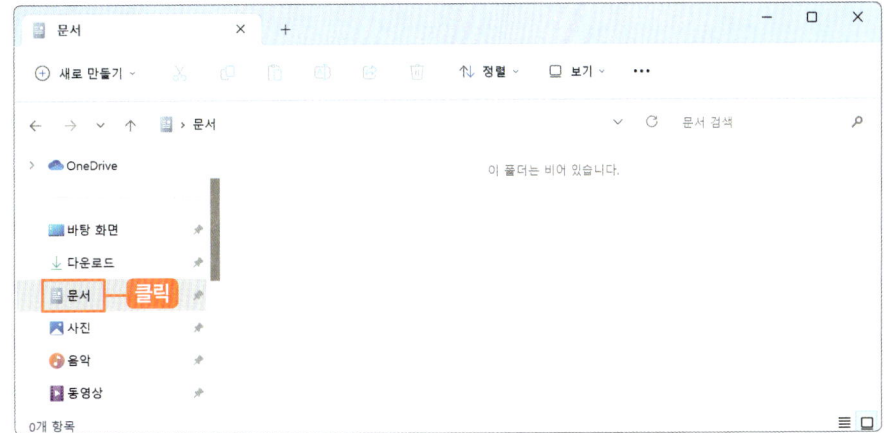

3. 왼쪽 위에 있는 [새로 만들기]-[폴더]를 클릭하고 Enter 키를 누릅니다.

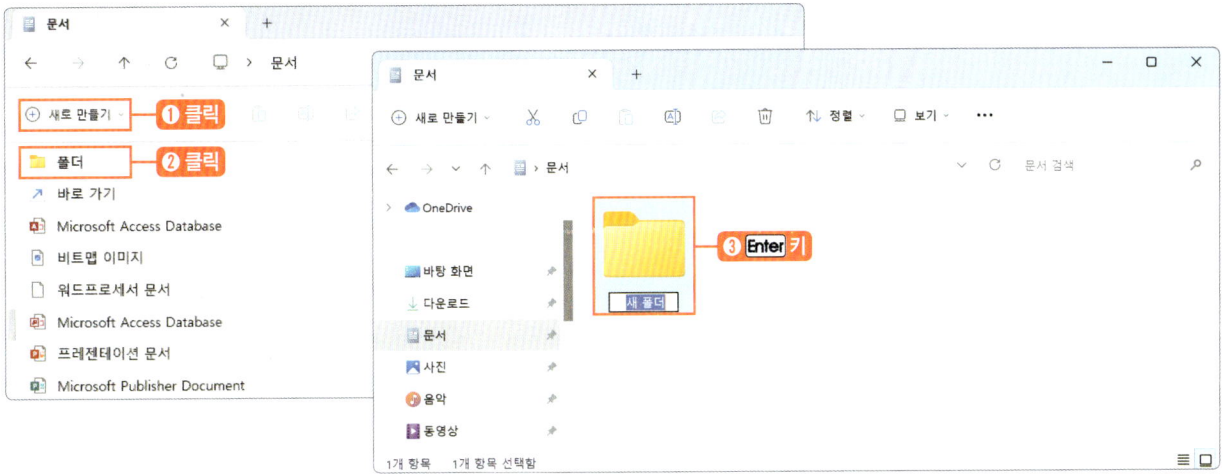

4. '새 폴더'라는 이름으로 새로운 폴더가 만들어진 것을 확인할 수 있습니다.

5. 만들어진 새 폴더를 클릭하고 위쪽의 이름 바꾸기( )를 클릭한 다음 본인의 이름을 입력한 다음 Enter 키를 누릅니다.

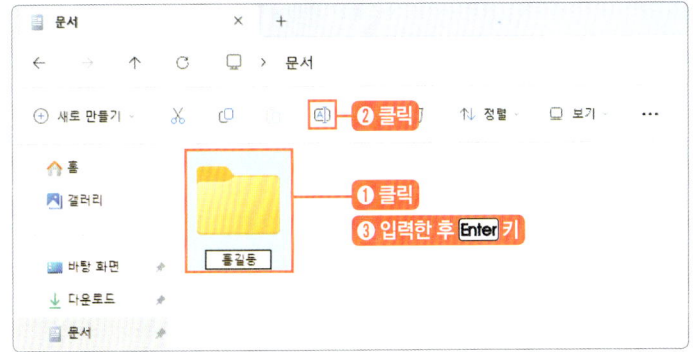

6. [폴더]의 이름이 본인 이름으로 변경된 것을 확인합니다.

03 폴더 삭제하기

1. 문서 폴더에서 [새로 만들기]를 통해 새로 만든 본인 이름 폴더 위에서 마우스 오른쪽 단추를 클릭합니다.

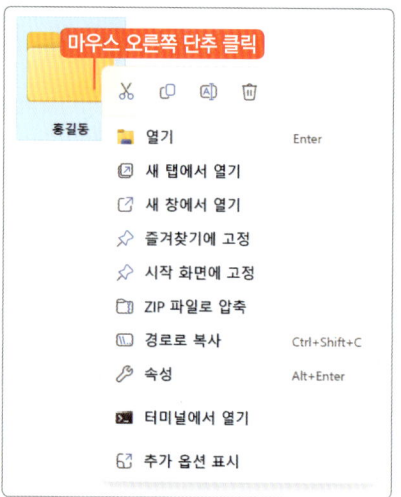

2. 이어서, 바로가기 메뉴 중 [삭제()] 아이콘을 클릭하여 폴더를 삭제합니다.

3. 본인 이름 폴더가 삭제된 것을 확인할 수 있습니다.

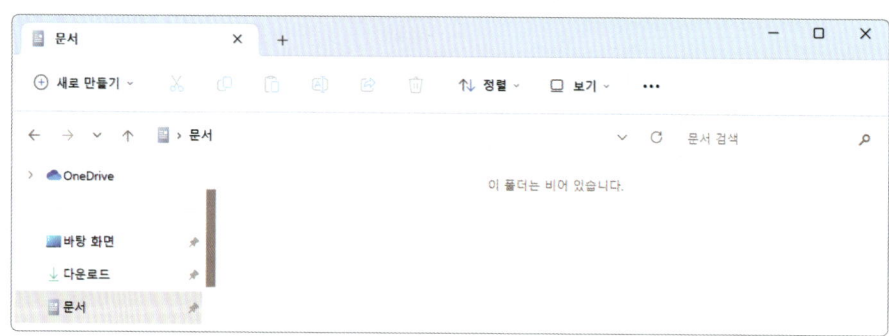

TIP

지워진 폴더를 다시 살리고 싶을 때

- [바탕 화면]에서 [휴지통]을 더블클릭한 다음 지워진 폴더에서 마우스 오른쪽 단추를 눌러 [복원]을 클릭합니다.

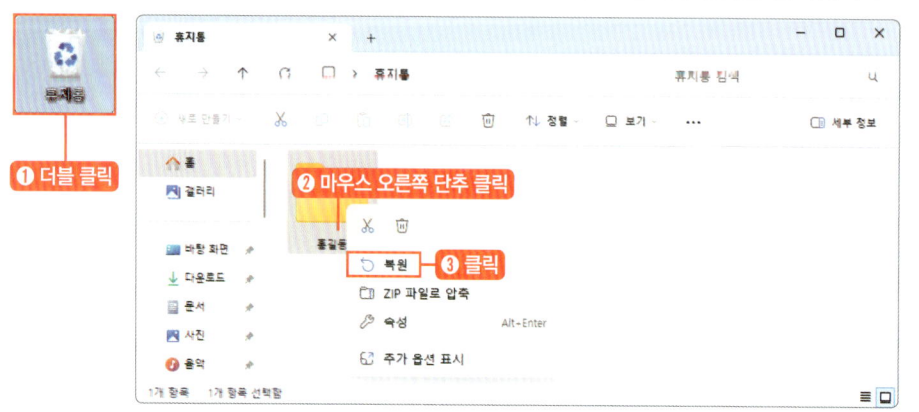

연습문제

● 불러올 파일 : 없음   ● 완성된 파일 : 없음

문제 01 바탕화면에 '윈도우 11'이라는 이름의 폴더를 만들어 봅니다.

※ 바탕화면에서 마우스 오른쪽 단추를 눌러 [새로 만들기]-[폴더]를 클릭합니다.

문제 02 바탕화면에 만든 '윈도우 11' 폴더를 '따라잡기'라는 폴더로 변경해 만들어 봅니다.

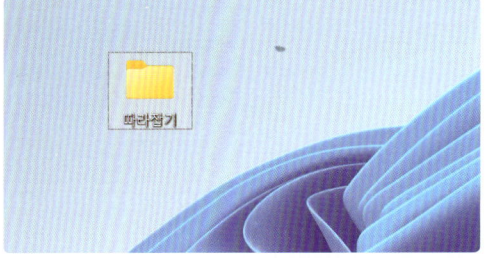

문제 03 바탕화면에 각각 '하나', '둘', '셋'이라는 세 개의 폴더를 만들고, '둘' 폴더를 삭제해 봅니다.

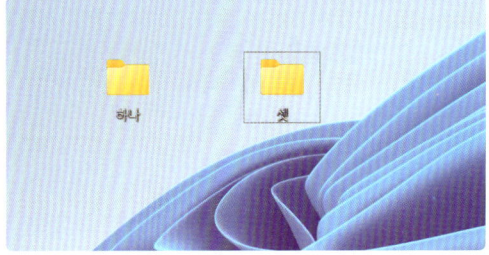

CHAPTER 07 파일과 폴더

● 불러올 파일 : 없음   ● 완성된 파일 : 없음

학습목표

- 파일의 확장자를 표시할 수 있습니다.
- 폴더를 복사하고 이동시킬 수 있습니다.

오늘 배울 기능 : 파일명과 확장자, 파일 탐색기 살펴보기, 파일 탐색기 레이아웃 및 정렬, 파일 확장명 표시하기, 감추기, 폴더 만들기, 복사, 이동, 삭제하기

완성작품 미리보기

01 파일 확장자 표시하기

1. 작업표시줄의 탐색기()를 클릭합니다.

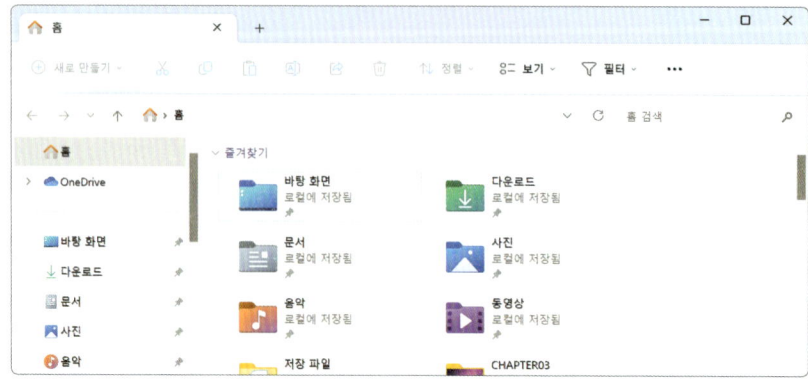

2. 왼쪽의 탐색 창에서 여러 가지 형식들의 파일이 저장 되어있는 문서 폴더를 클릭합니다.

3. 문서 폴더 안에 여러 가지 형식의 파일들이 있는 것을 확인할 수 있습니다.

※ 사용하는 컴퓨터에 따라 파일은 다를 수 있습니다. [문서] 폴더에 다양한 파일이 없다면 [불러올 파일]-[CHAPTER 07] 폴더를 열어서 파일을 확인해 봅니다.

4. 파일 탐색기의 상단에 있는 [보기]-[표시]-[파일 확장명]을 선택합니다.

CHAPTER 07 파일과 폴더 • 043

5. [파일 확장명]을 선택하면 각각의 파일마다 확장명이 표시됩니다.

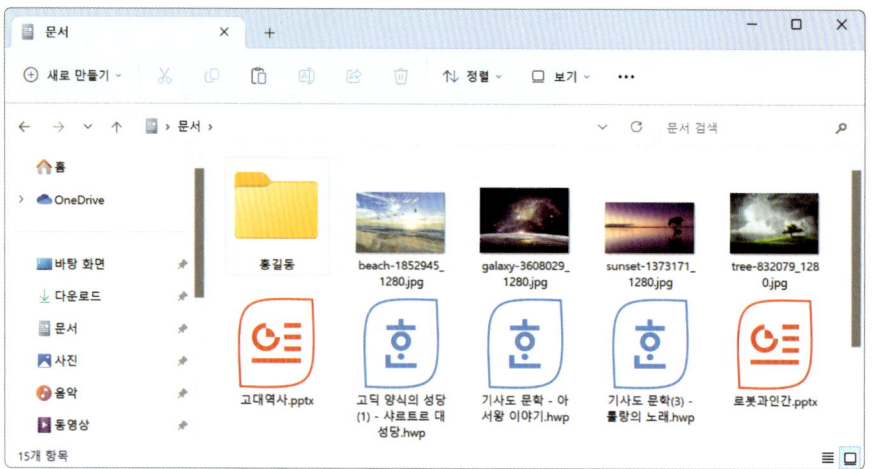

TIP
확장자 종류
- .hwp : 한글을 이용해서 만든 파일을 저장할 때 사용하는 확장자
- .txt : 메모장 텍스트 파일을 저장할 때 사용하는 확장자
- .pptx : 파워포인트를 이용해서 만든 파일을 저장할 때 사용하는 확장자
- .show : 한쇼를 이용해서 만든 파일을 저장할 때 사용하는 확장자
- .jpg : 이미지(그림)파일 확장자

02 폴더 복사, 붙여넣기

1. 작업표시줄에서 파일 탐색기()를 클릭한 다음 [문서]를 클릭합니다.

2. 왼쪽 위에 있는 [새로 만들기]-[폴더]를 클릭합니다.

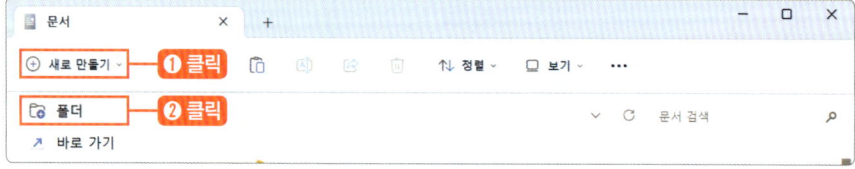

3. 폴더명 '새 폴더'를 '윈도우'로 변경합니다.

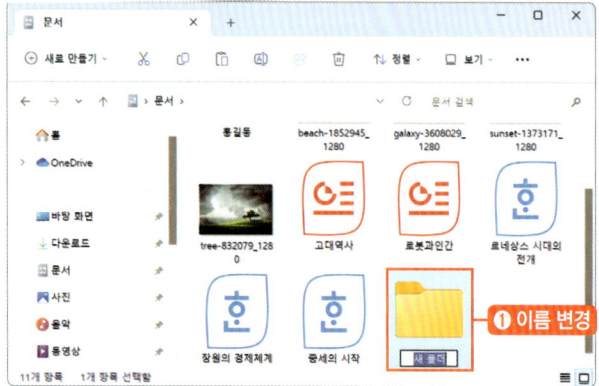
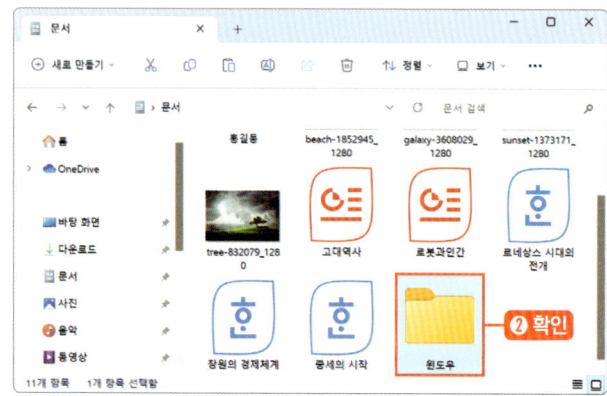

4. 새로 만든 [윈도우] 폴더를 클릭한 후, 마우스 오른쪽 단추를 눌러 [복사( )]를 클릭합니다.

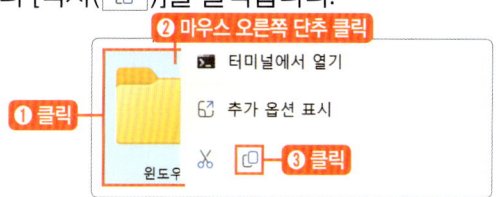

5. 파일 탐색기 왼쪽에 있는 탐색 창에서 [바탕 화면]을 클릭하고 위쪽에 있는 메뉴 중에서 '붙여넣기( )'를 클릭합니다.

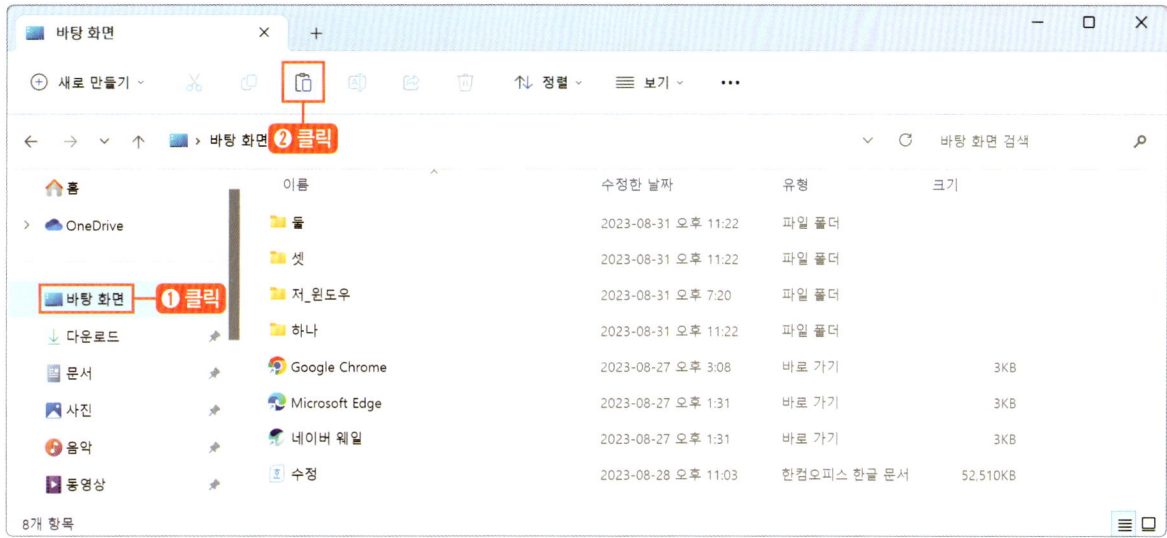

6. 바탕 화면에 '윈도우' 폴더가 복사된 것을 확인할 수 있습니다.

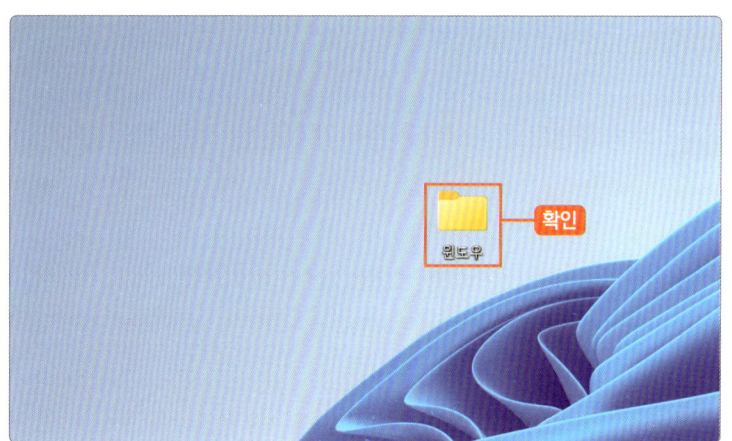

03 폴더 이동하기

1. 작업표시줄에서 파일 탐색기( )를 클릭한 다음 [문서] 폴더를 클릭합니다.

2. 위쪽에 있는 [새로 만들기]-[폴더]를 이용하여 '노트북'이라는 이름의 폴더를 만들어 줍니다.

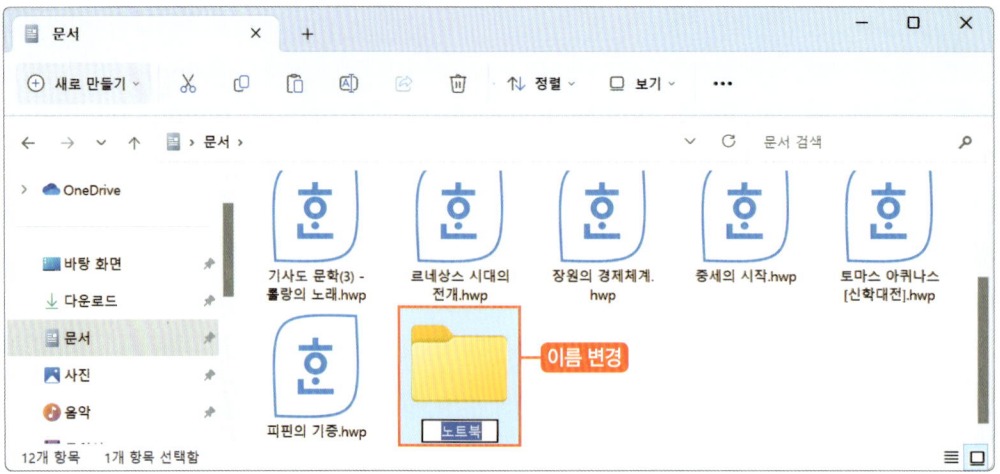

3. 새로 만든 '노트북' 폴더를 클릭하고 탐색 창에 있는 바탕화면으로 드래그합니다.

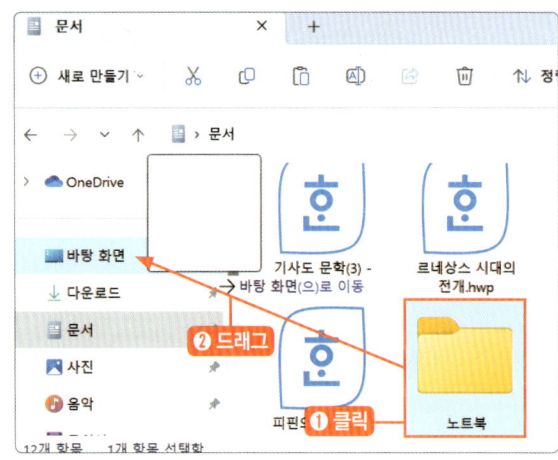

4. 바탕화면으로 [노트북] 폴더가 이동된 것을 확인할 수 있습니다.

CHAPTER 07 연습문제

●불러올 파일 : 없음   ●완성된 파일 : 없음

문제 01 바탕화면에 [아카데미] 폴더를 만들어 봅니다.

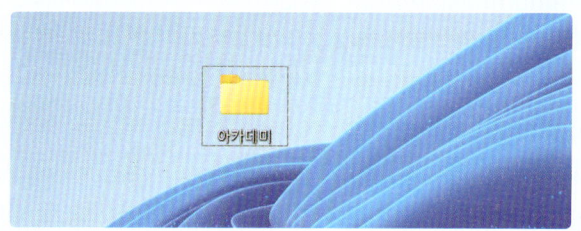

문제 02 바탕화면에 만들었던 [아카데미] 폴더를 복사하여 [문서] 폴더에 붙여 넣습니다.

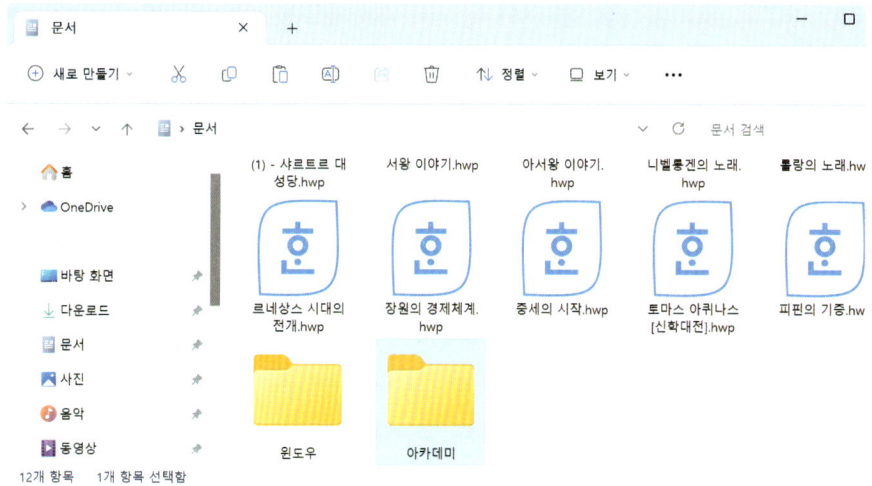

문제 03 [문서] 폴더에 '소프트'라는 폴더를 만들고 바탕화면으로 이동시켜 봅니다.

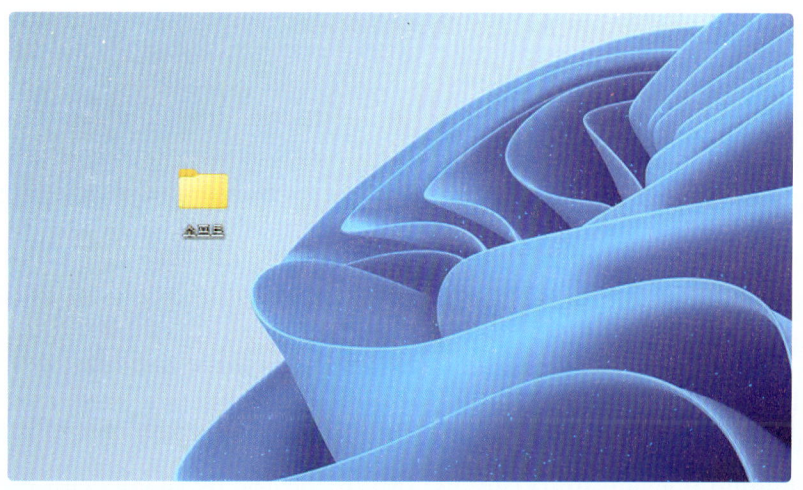

CHAPTER 08 윈도우 검색 기능 사용하기

● 불러올 파일 : 없음   ● 완성된 파일 : 없음

학습목표

- 윈도우의 검색 기능이 무엇인지 알 수 있습니다.
- 검색 기능을 활용할 수 있습니다.

오늘 배울 기능 : 윈도우 검색 기능

🔍 완성작품 미리보기

01 검색 기능을 이용해서 앱 실행하기

1. 작업표시줄에서 돋보기 모양의 검색 상자 (　🔍 검색　)를 클릭합니다.

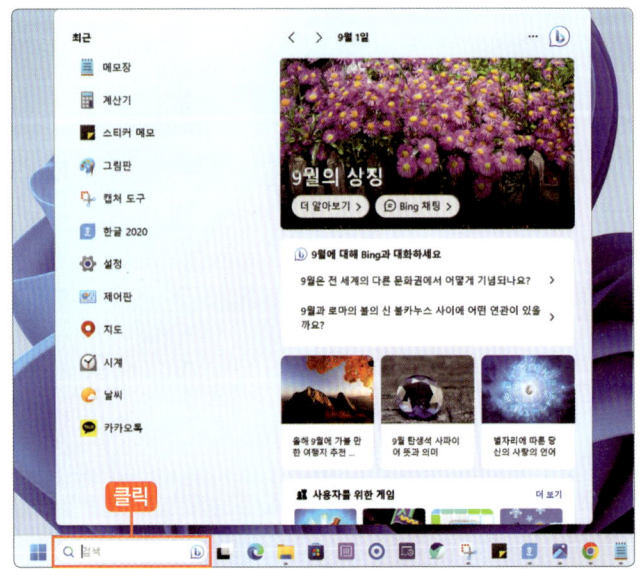

2. 검색창에 '메모장'을 입력합니다. 이어서, 메모장이 입력된 창에서 Enter 키를 누르면 메모장이 실행됩니다.

3. 메모장을 검색하면 앱 검색 결과와 웹 결과 보기가 나오는 것을 확인할 수 있습니다.

4. 실행된 메모장에서 [닫기(×)]를 클릭하여 메모장을 종료합니다.

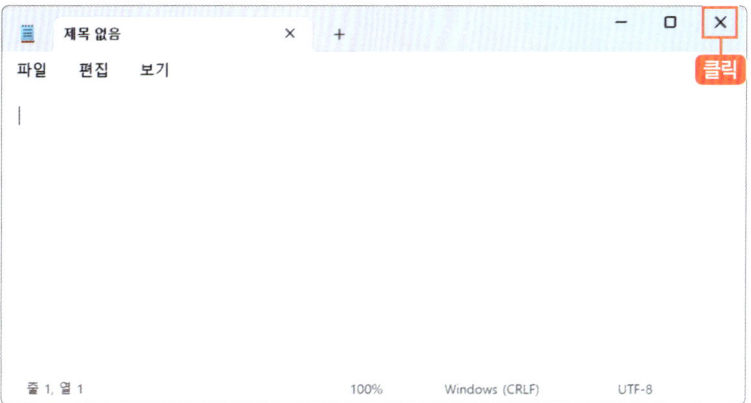

5. 다시 작업표시줄의 검색창을 클릭하여 '캡처'를 입력하면 검색 결과가 나옵니다.

6. '캡처' 검색 결과의 오른쪽에 있는 [열기]를 클릭하여 캡처 도구를 실행합니다.

   ※ 검색 후, Enter 키를 누르지 않고, 검색된 결과의 오른쪽에 있는 [열기]를 클릭해도 앱이 실행되는 것을 확인할 수 있습니다.

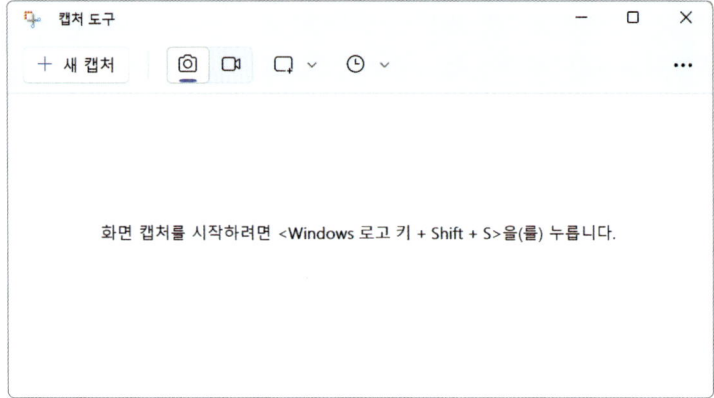

02 폴더 복사, 붙여넣기

1. 작업표시줄의 [파일 탐색기( )]를 클릭하여 실행합니다.

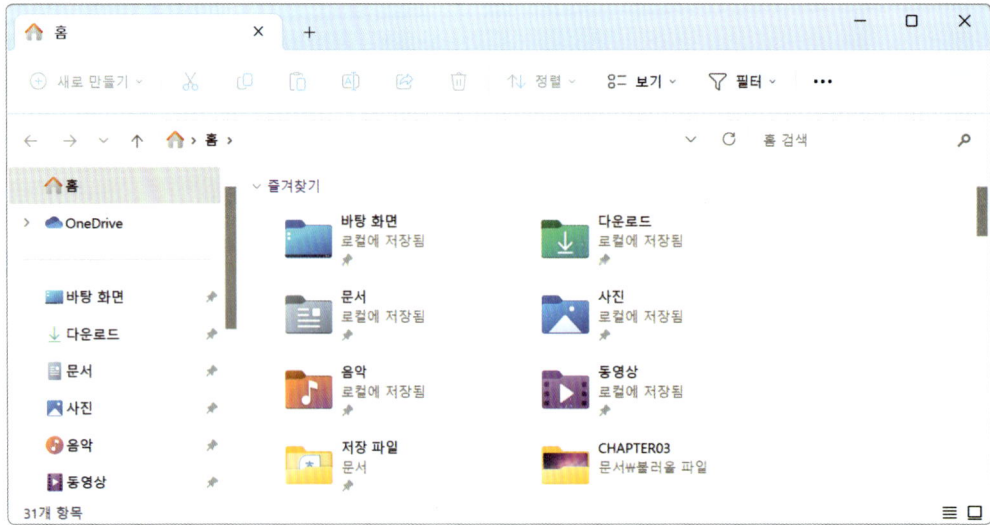

2. 왼쪽의 탐색 창에서 [문서]를 클릭합니다.

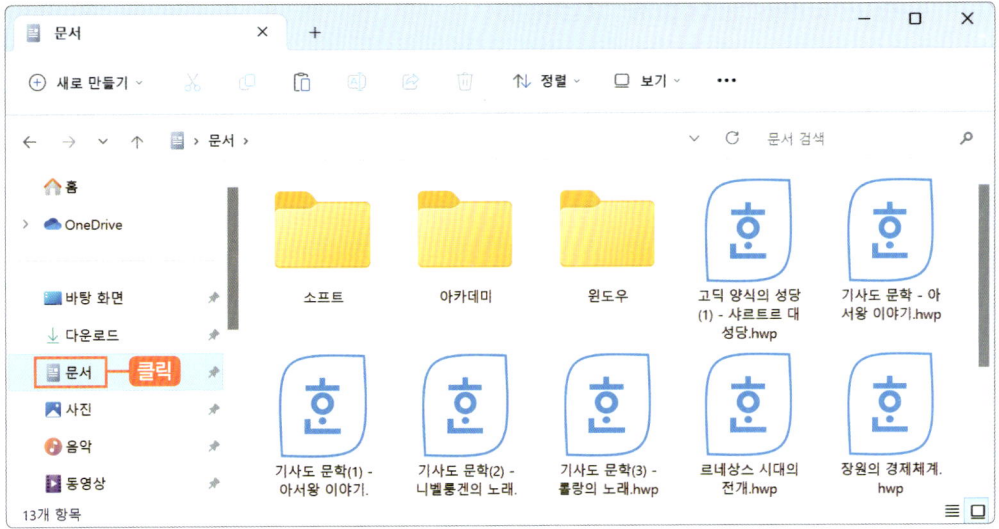

3. 왼쪽 위에 있는 [새로 만들기]-[폴더]를 클릭하여 '아파트'라는 이름의 폴더를 만들어 줍니다.

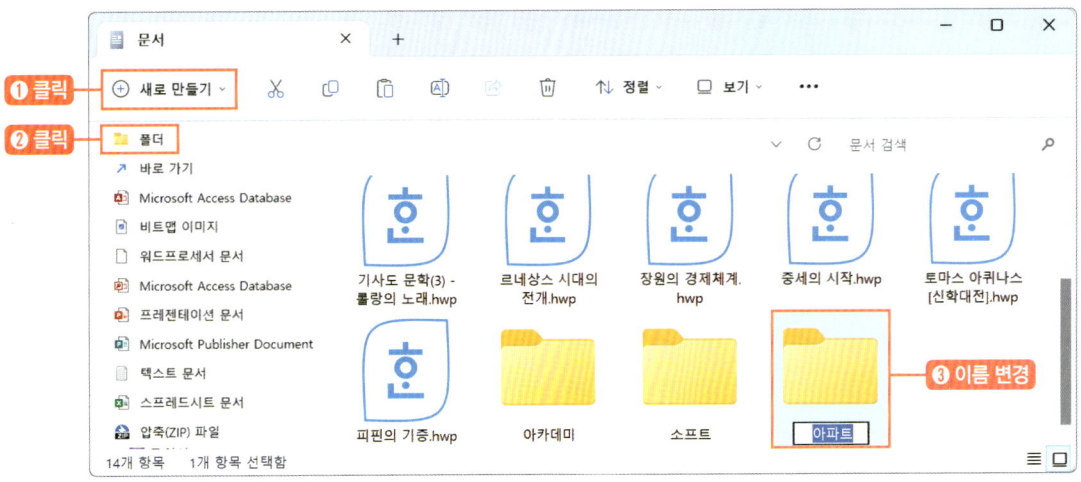

4. 파일 탐색기에서 [닫기()]를 눌러 종료한 다음 작업표시줄의 검색창을 클릭하여 '아파트'를 입력합니다.

5. 검색 결과 중 아파트 파일 폴더를 확인합니다.

CHAPTER 08 윈도우 검색 기능 사용하기 • 051

6. 아파트 폴더의 오른쪽은 방금 만들었던 [아파트] 폴더의 저장 위치와 마지막 수정 날짜, 열기, 파일 위치 열기, 경로 복사 등을 할 수 있습니다.

7. 검색된 [아파트] 폴더를 클릭하면 폴더가 열리게 됩니다.

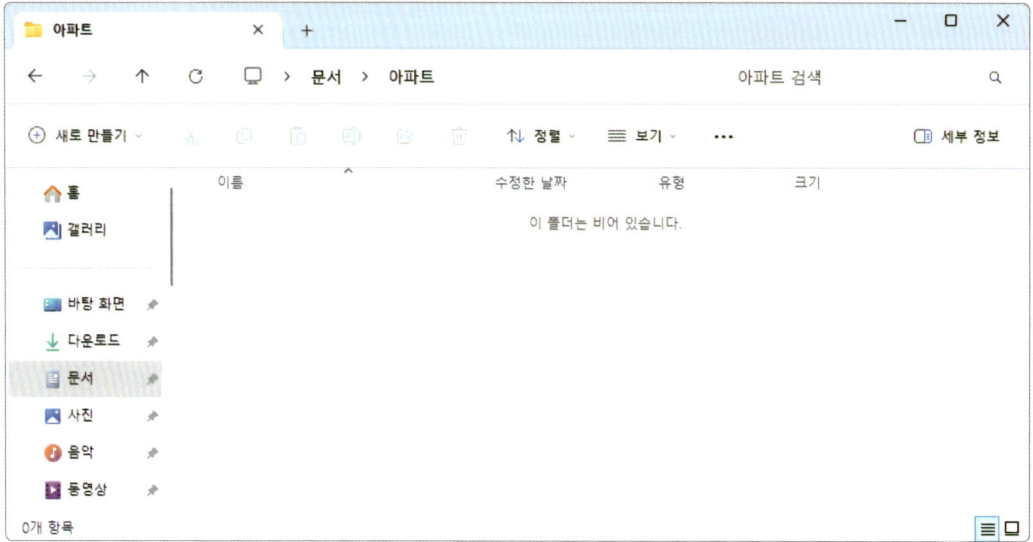

연습문제

● 불러올 파일 : 없음   ● 완성된 파일 : 없음

문제 01 작업표시줄의 검색 기능을 이용해서 '그림판'을 검색하고 실행합니다.

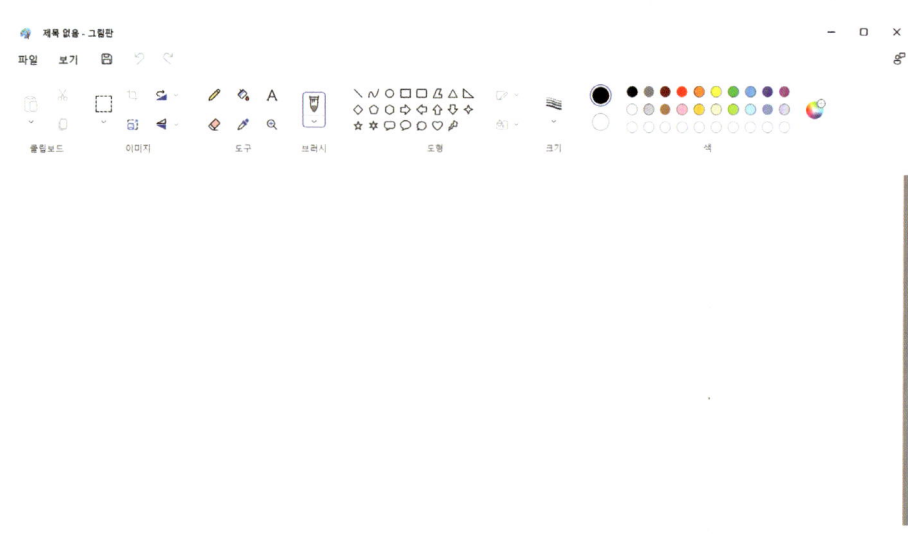

문제 02 작업표시줄의 검색 기능을 이용하여 '계산기'를 검색하고 실행합니다.

문제 03 작업표시줄의 검색 기능을 이용하여 조건을 [웹]으로 설정하고 '문서'를 검색합니다.

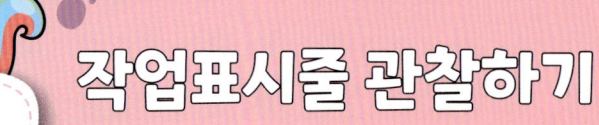

작업표시줄 관찰하기

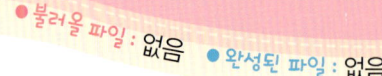

●불러올 파일 : 없음 ●완성된 파일 : 없음

- 작업표시줄의 사용 방법을 알 수 있습니다.
- 작업표시줄의 설정을 바꿀 수 있습니다.

오늘 배울 기능 : 작업표시줄 사용 방법, 앱 실행, 작업표시줄 설정

완성작품 미리보기

01 작업표시줄 구성

1. 바탕화면의 아래쪽에 있는 작업표시줄을 확인합니다.

   ※ 작업표시줄은 현재 실행 중이거나 고정 해놓은 앱을 확인할 수 있으며 다양한 작업이 가능합니다.

   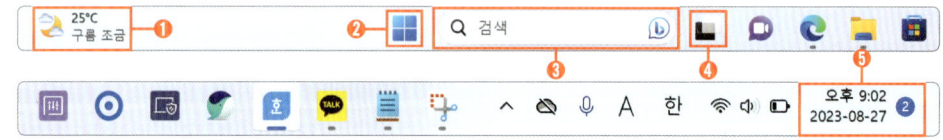

   ❶ 날씨 ( ) : 날씨를 확인할 수 있습니다.
   ❷ 시작 메뉴 ( ) : 설치된 앱, 시스템 종료, 절전 등을 실행할 수 있습니다.
   ❸ 검색 ( ) : 파일이나 폴더, 앱을 검색할 수 있습니다.
   ❹ 데스크톱 ( ) : 현재 실행 중인 데스크톱을 확인하고, 새 데스크톱을 추가할 수 있습니다.
   ❺ 날짜 및 시간 ( ) : 날짜 및 시간 등을 확인할 수 있습니다.

2. 작업표시줄의 [날씨]를 클릭합니다.

3. 다른 지역의 날씨를 확인하기 위해서는 왼쪽 상단의 지역을 클릭한 다음 [위치 관리]를 선택합니다.

 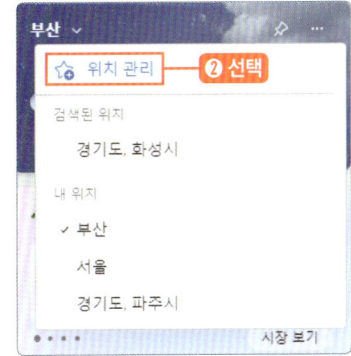

4. 지역을 검색한 다음 검색된 지역의 [위치 추가]를 클릭하면 목록이 추가됩니다.

 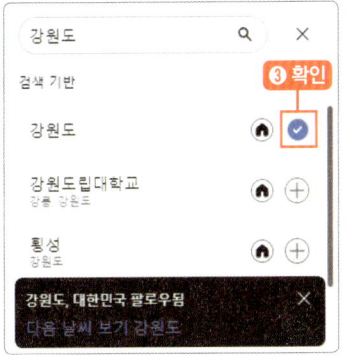

5. 시작 메뉴(■)을 클릭하면 고정된 앱과 최근에 편집하거나 저장한 파일 등이 있는 것을 확인할 수 있습니다. 첫 번째 앱 아이콘을 두 번째 앱 아이콘으로 드래그하면 그룹으로 만들어집니다.

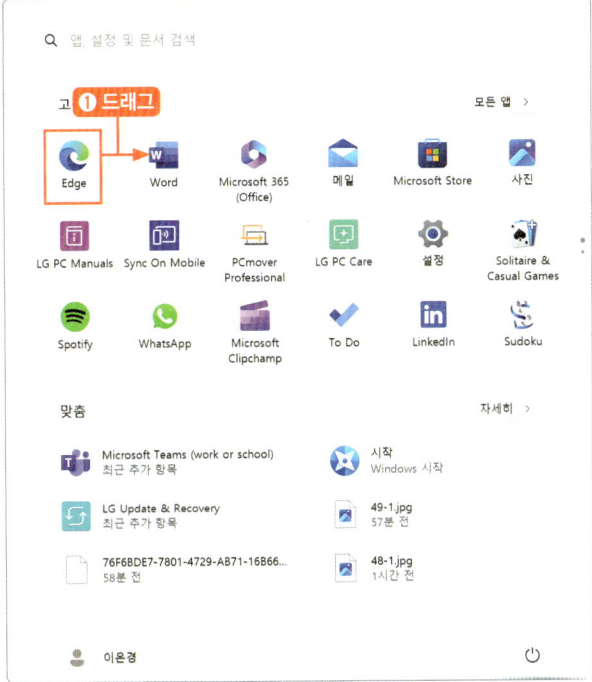 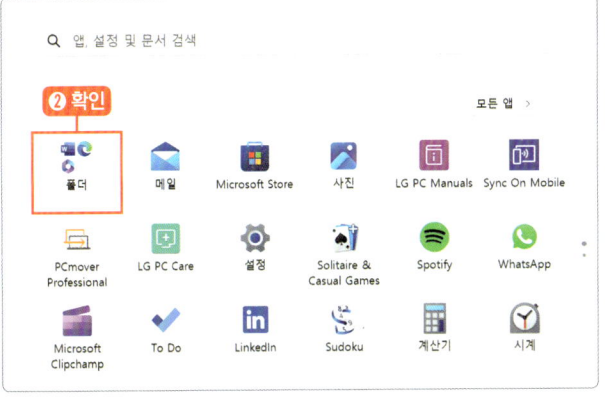

02 앱 고정하기(스티커 메모 앱)

1. 작업표시줄의 시작 메뉴(▦)를 클릭한 다음 시작 메뉴 오른쪽 위에 있는 [모든 앱]을 클릭합니다.

2. 아래로 스크롤 하여 스티커 메모를 찾아봅니다.

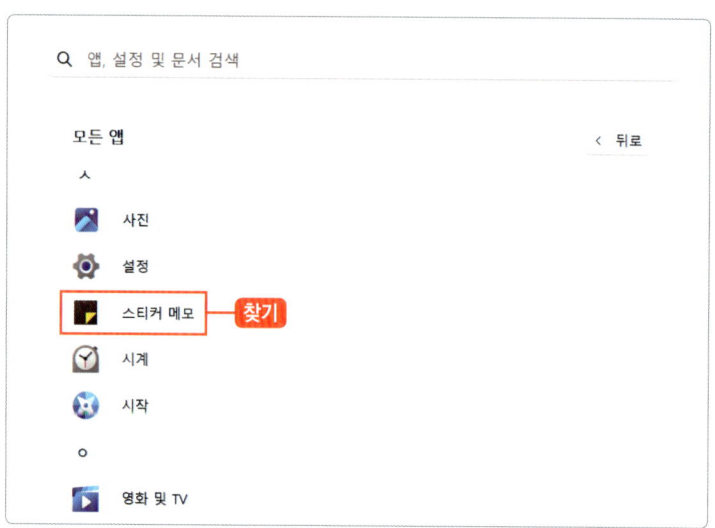

3. [스티커 메모] 앱 위에서 마우스 오른쪽 단추를 눌러 [기타]-[작업 표시줄에 고정]을 선택합니다.

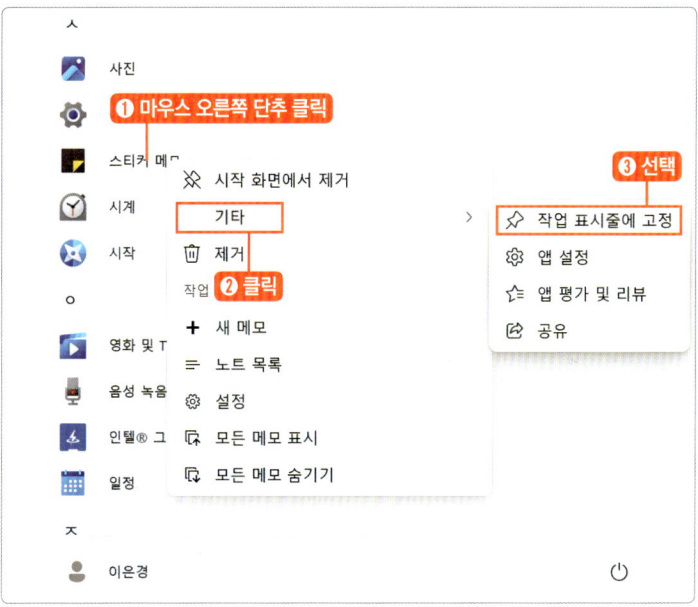

4. 작업 표시줄에 고정을 클릭하면 스티커 메모 앱이 작업표시줄에 고정됩니다.

5. '스티커 메모'를 검색한 다음 오른쪽에 있는 [시작 화면에 고정]을 클릭합니다.

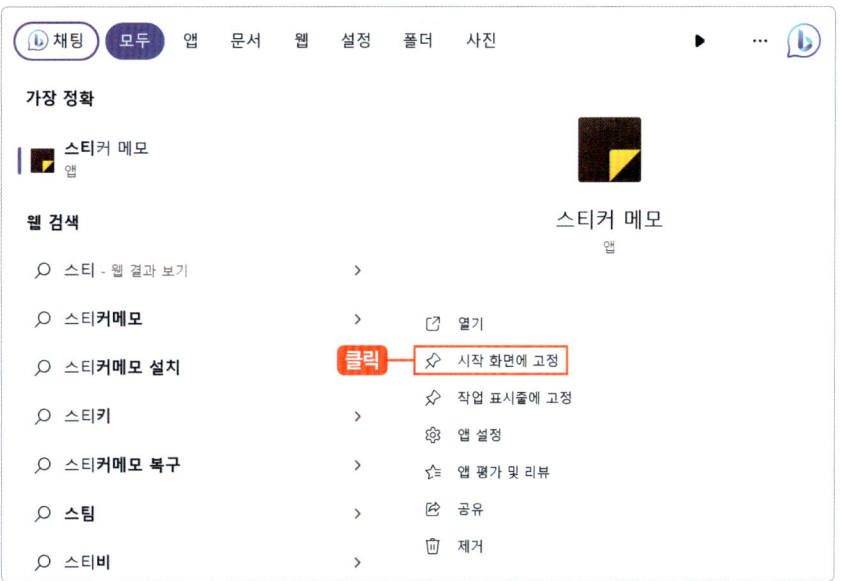

6. 시작 메뉴를 클릭하면 스티커 메모 앱이 고정된 것을 확인할 수 있습니다.

03 작업 표시줄 설정하기

1. 작업 표시줄의 빈 곳에서 마우스 오른쪽 단추를 눌러 [작업 표시줄 설정]을 클릭합니다.

2. [작업 표시줄 설정]을 클릭하면 작업표시줄에 표시되는 앱의 설정을 바꿀 수 있습니다. '작업표시줄 항목'에서 [채팅] 앱의 설정을 '켬'을 클릭합니다.

3. [작업 표시줄 설정]을 닫기 한 다음 작업표시줄에서 채팅이 표시되지 않는 것을 확인할 수 있습니다.

CHAPTER 09 연습문제

●불러올 파일 : 없음   ●완성된 파일 : 없음

문제 01 검색을 이용해서 '캡처 도구'를 검색하고 작업표시줄에 고정합니다.

문제 02 작업표시줄에 고정한 '캡처 도구'를 이용하여 앱을 실행합니다.

기본 앱 활용하기

CHAPTER 10

● 불러올 파일 : 없음 ● 완성된 파일 : 없음

- 기본 앱의 종류를 알 수 있습니다.
- 기본 앱을 활용하여 사용할 수 있습니다.

오늘 배울 기능 : 날씨, 메모장, 시계 활용하기

완성작품 미리보기

01 기본 앱 알기

1. 작업표시줄에서 시작 메뉴를 클릭한 다음 [모든 앱]을 클릭하면 컴퓨터에 설치되어 있는 모든 앱을 확인할 수 있습니다.

2. 모든 앱 중 날씨, 메모장, 시계 등은 기본적으로 설치되어 있는 앱입니다.

02 날씨 앱 활용하기

1. 모든 앱 목록 중 [날씨]를 클릭하여 실행합니다.

2. [날씨]에서 알고 싶은 지역을 설정한 후, 왼쪽 메뉴를 클릭하여 결과를 확인합니다.
   ① **일기예보** : 현재 위치의 날씨, 습도, 바람 등의 정보를 알 수 있습니다.
   ② **시간별 일기 예보** : 현재 위치의 시간대별로 날씨를 알 수 있습니다.
   ③ **과거 날씨** : 현재 위치의 과거 날씨를 알 수 있습니다.
   ④ **즐겨찾기** : 현재 위치를 포함하여 즐겨찾기에 추가한 지역 날씨를 알 수 있습니다.

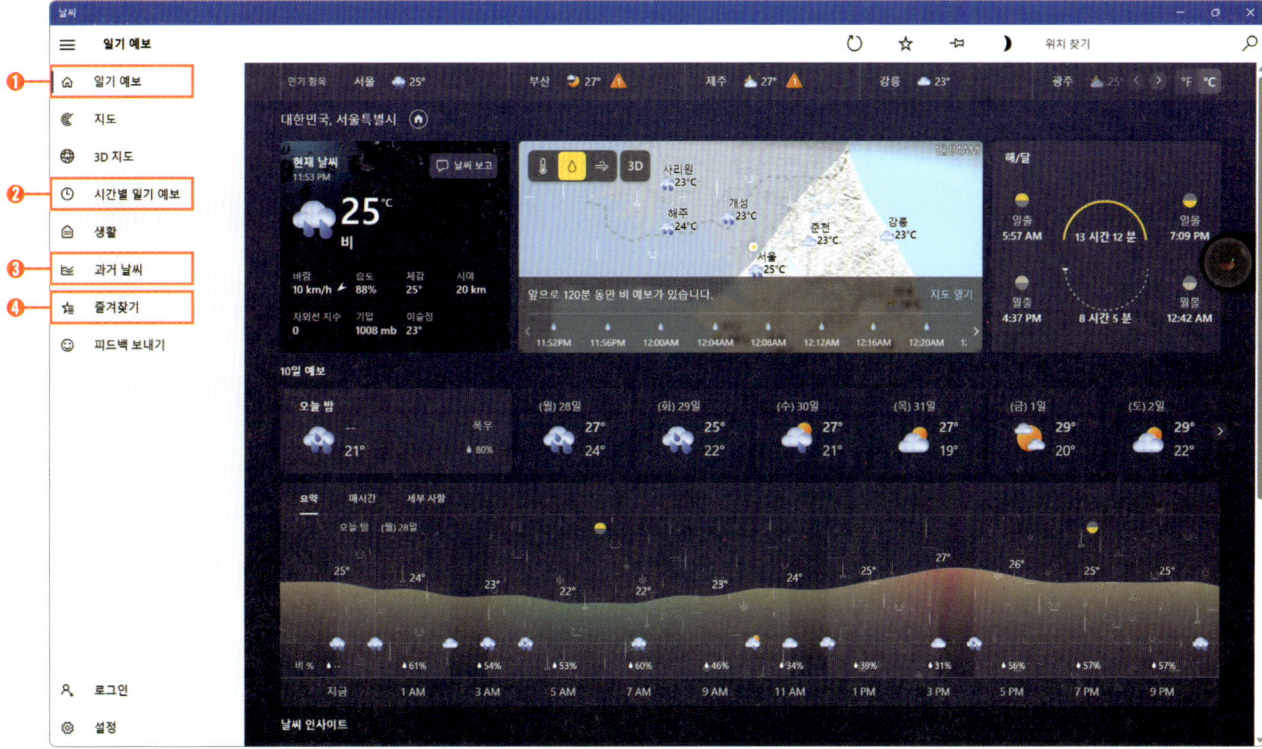

03 메모장 앱 활용하기

1. 작업표시줄의 [시작 메뉴]-[모든 앱]에서 [메모장]을 찾아 클릭하여 실행합니다.

2. [메모장]을 실행한 화면에서 여러 가지 기능을 활용할 수 있습니다.
   ① **메모 입력창** : 메모하고 싶은 내용을 적을 수 있습니다.
   ② **파일** : 새 창을 만들거나, 저장하거나 인쇄 등을 할 수 있습니다.
   ③ **편집** : 복사, 붙여넣기, 글꼴 등을 편집할 수 있습니다.
   ④ **보기** : 확대나 축소를 설정할 수 있습니다.

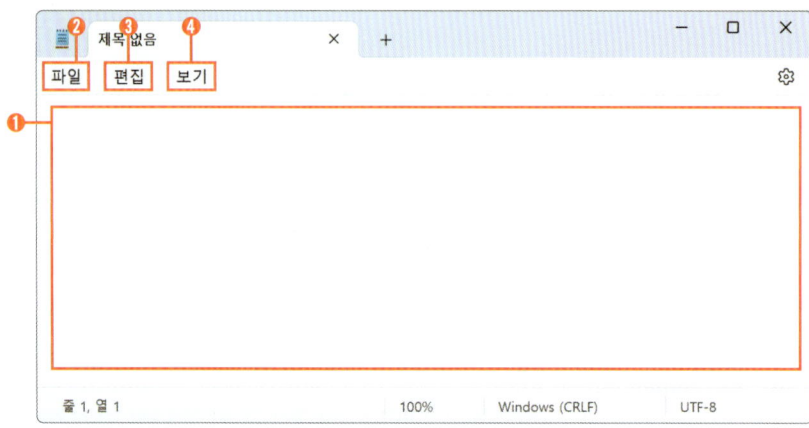

3. 메모장에 '애국가'를 입력합니다.
   ※ 한 칸을 띄울 때는 Space Bar 키를 누르고 줄 바꿈은 Enter 키를 누릅니다.

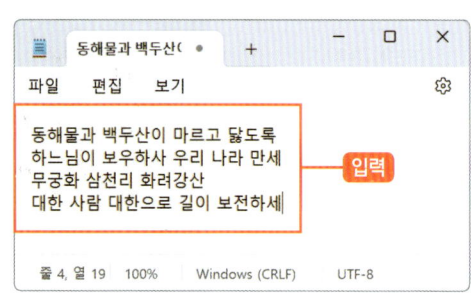

04 시계 앱 활용하기

1. 작업표시줄의 [시작 메뉴]-[모든 앱]에서 '시계'를 찾아 클릭하여 실행합니다.

2. [시계]를 실행한 화면에서 여러 가지 기능을 사용할 수 있습니다.

   ❶ **집중 세션** : 집중할 시간을 설정하여 시간 동안 알림을 끌 수 있습니다.
   ❷ **타이머** : 타이머로 일정 시간을 설정하면 시간이 지난 후 알림으로 알려줍니다.
   ❸ **알림** : 특정 요일, 시간에 알람을 설정하여 알람이 울리게 할 수 있습니다.
   ❹ **스톱워치** : 어떤 일을 하는 데에 걸리는 시간을 잴 수 있습니다.
   ❺ **세계 시계** : 추가한 나라의 현재 시각을 확인할 수 있습니다.

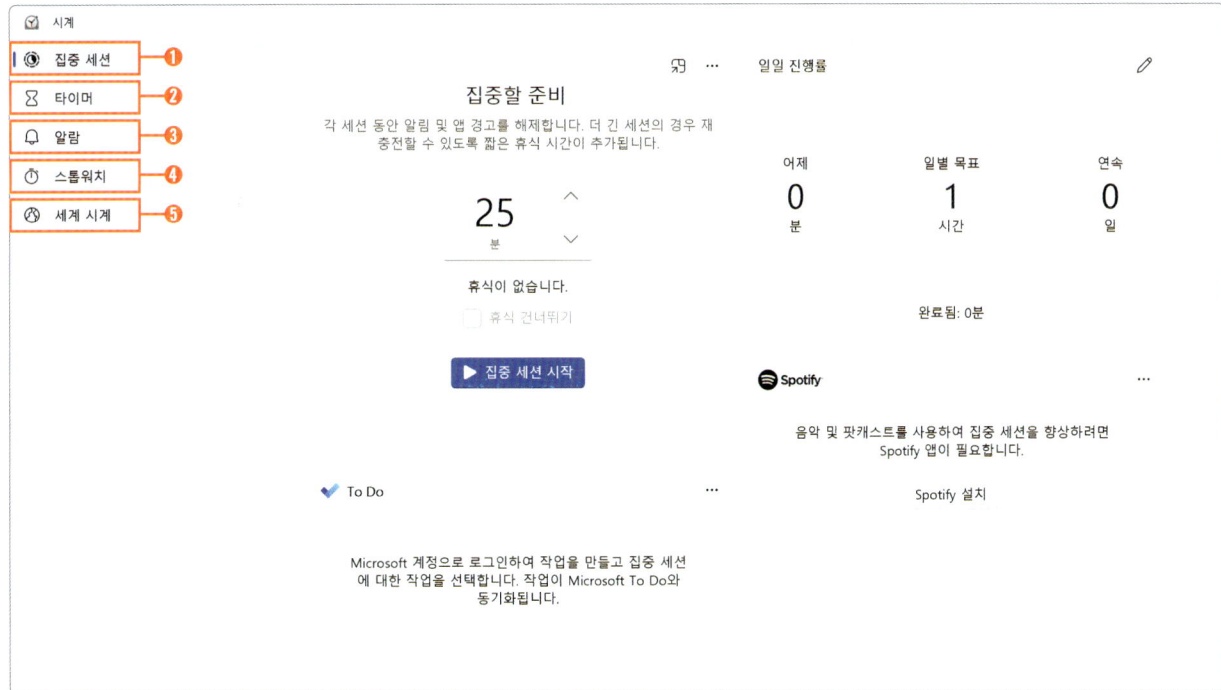

05 계산기 앱 활용하기

1. 작업표시줄의 [시작메뉴]-[모든 앱]-[계산기]를 찾아 클릭하여 실행합니다.

CHAPTER 10 기본 앱 활용하기 • 063

2. [계산기]를 실행한 다음 '탐색 열기(≡)'를 클릭하면 계산기의 여러 가지 기능을 활용할 수 있습니다.

❶ **표준** : 표준계산기로, 일반적인 사칙연산이 가능합니다.

❷ **공학용** : 공학용 계산기로, 삼각법이나 함수 계산 등이 가능합니다.

❸ **그래프** : 그래프 계산기로, 함수를 입력하여 그래프를 그릴 수 있습니다.

❹ **프로그래머** : 프로그래머 계산기로, 진법 변환이 가능합니다.

❺ **날짜 계산** : 날짜 계산기로, 날짜 간 차이 또는 날짜 합산을 계산할 수 있습니다.

CHAPTER 10 연습문제

●불러올 파일 : 없음   ●완성된 파일 : 없음

문제 01   모든 앱에서 계산기를 찾아 공학용 계산기로 변경합니다.

문제 02   모든 앱에서 날씨를 찾아 제주도의 일기 예보를 확인합니다.

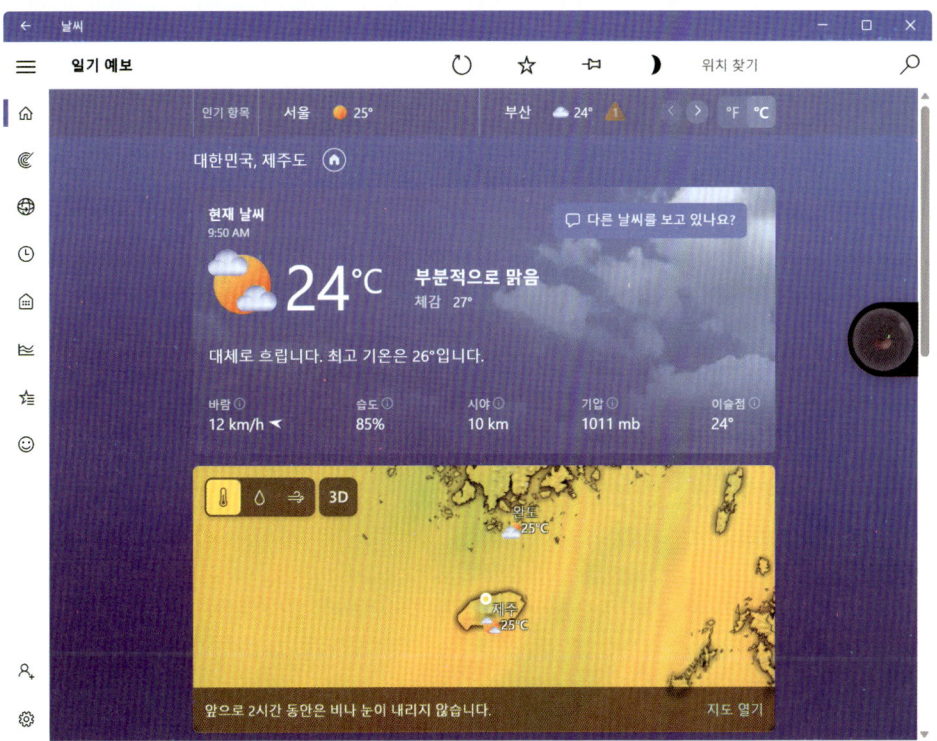

윈도우의 여러 기능-클립보드, 스티커 메모

● 불러올 파일 : 없음   ● 완성된 파일 : 없음

학습목표

- 클립보드를 활용할 수 있습니다.
- 스티커 메모를 알고 사용할 수 있습니다.

오늘 배울 기능 : **클립보드, 스티커 메모**

완성작품 미리보기

01 클립보드 활용하기

1. 바탕화면에서 Window + V 키를 눌러서 클립보드를 실행합니다.

2. 클립보드 기능이 꺼져 있다면 [켜기]를 클릭하여 클립보드를 활성화해 줍니다.

3. 작업표시줄 [시작 메뉴]-[모든 앱]을 눌러 메모장을 찾아 클릭하여 실행한 다음 '윈도우 11 아카데미 소프트'를 입력합니다.

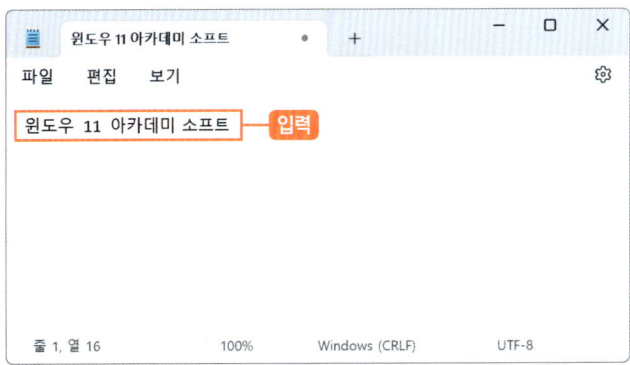

4. 입력한 '윈도우 11 아카데미 소프트'를 드래그합니다.

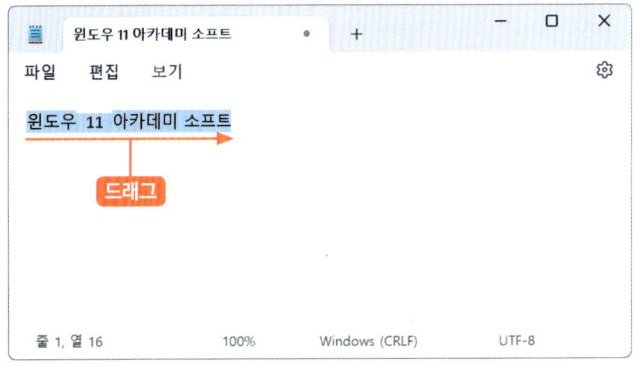

5. 마우스 오른쪽 단추를 눌러 [복사]를 클릭합니다.
   ※ 복사 단축키 : Ctrl + C

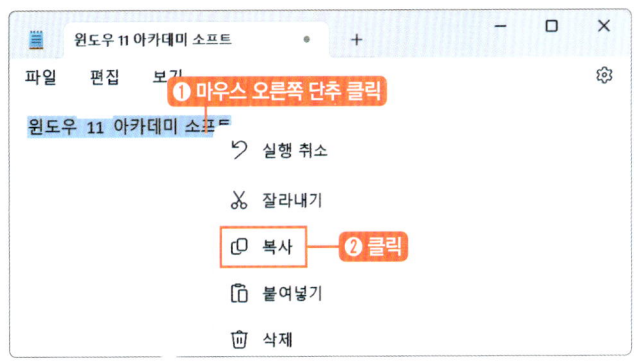

6. 복사한 후, Window + V 키를 눌러 클립보드를 실행하면 복사했던 '윈도우 11 아카데미 소프트'가 클립보드에 저장된 것을 확인할 수 있습니다.

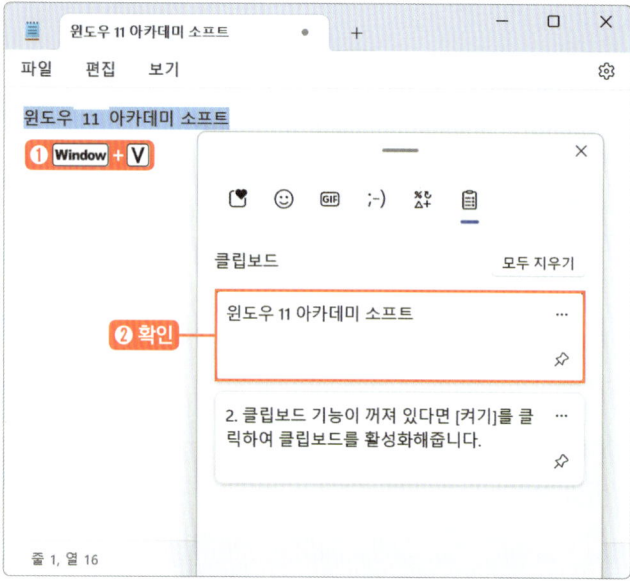

7. 크롬을 실행한 다음 픽사베이 사이트로 이동하여 '선물'을 검색합니다.

8. 마음에 드는 선물 사진을 클릭합니다.

9. 사진 위에 마우스를 올리고 마우스 오른쪽 단추를 눌러 [이미지 복사]를 클릭합니다.

    ※ 이미지 주소 복사를 클릭하지 않도록 주의합니다.

10. 이미지를 복사한 후, Window + V 키를 눌러 클립보드를 실행하면 복사했던 이미지가 클립보드에 저장된 것을 확인할 수 있습니다.

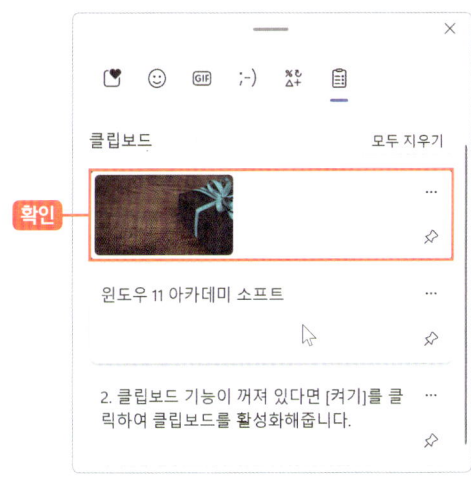

02 스티커 메모 활용하기

1. 작업표시줄에서 [시작 메뉴]-[모든 앱]에서 '스티커 메모(스티커 메모)'를 찾아 클릭하여 실행합니다.

    ※ 모든 앱은 A ~ Z, ㄱ ~ ㅎ 순으로 정렬되어 있으므로 앱 이름에 해당하는 자음으로 검색하면 쉽게 찾을 수 있습니다.

2. 스티커 메모 앱을 처음 실행하여 동기화할 계정을 선택하는 창이 나오면 [시작]을 클릭하고 스티커 메모가 실행된 창을 확인합니다.

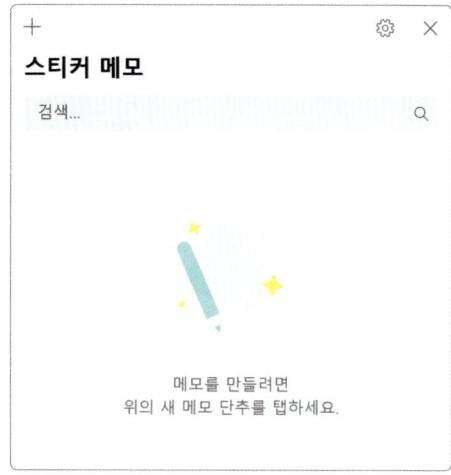

3. 왼쪽 위에 있는 [새 메모 +]를 클릭하여 새로운 메모를 만들어 줍니다.

4. 메모를 작성하는 창이 나오면 '파자마 파티 준비하기'를 입력합니다.

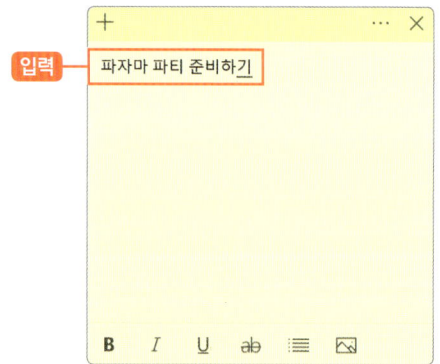

5. 스티커 메모의 오른쪽 위에 있는 '메뉴(⋯)'를 눌러 메모의 색을 녹색으로 바꿔줍니다.

6. 메모의 색이 녹색으로 바뀐 것이 확인되면 왼쪽 위에 있는 <닫기>를 눌러 메모를 닫아 줍니다.

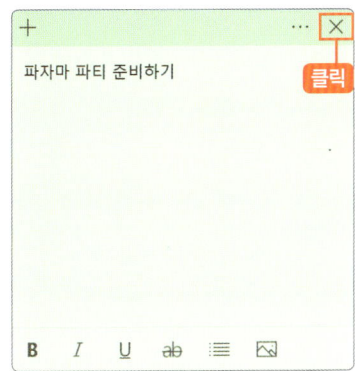

7. 메모 <닫기(×)>를 눌러 메모를 닫게 되면 스티커 메모에 '파자마 파티 준비하기'가 저장된 것을 확인할 수 있습니다.

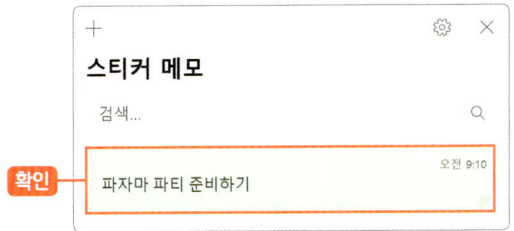

8. 저장된 메모에 마우스를 올리면 보이는 '메뉴(…)'를 클릭합니다.

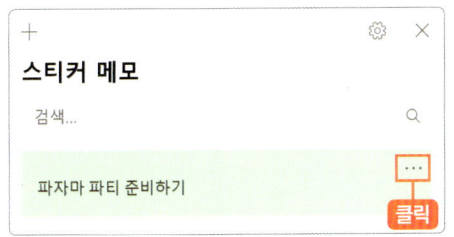

9. [메모 열기]와 [메모 삭제]가 있는 것을 확인할 수 있습니다.

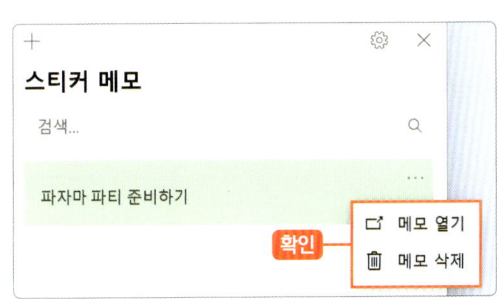

10. [메모 삭제]를 클릭하면 저장된 메모를 삭제할 수 있습니다.

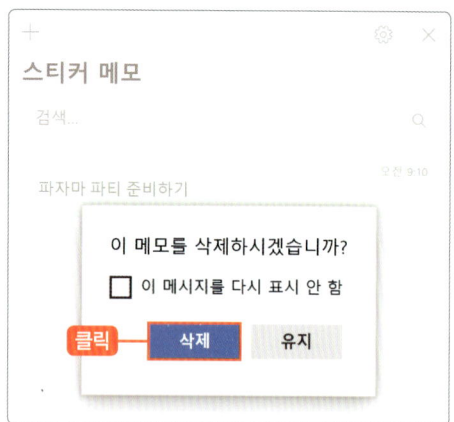

클립보드 활용

- 클립보드에 저장한 내용은 다른 앱을 실행한 다음 Window + V 키를 눌러 내용을 붙여넣기 할 수 있습니다.
- 스티커 메모에서 Window + V 키를 눌러 '윈도우 11 아카데미 소프트'를 클릭하면 스티커 메모에 내용이 입력됩니다.

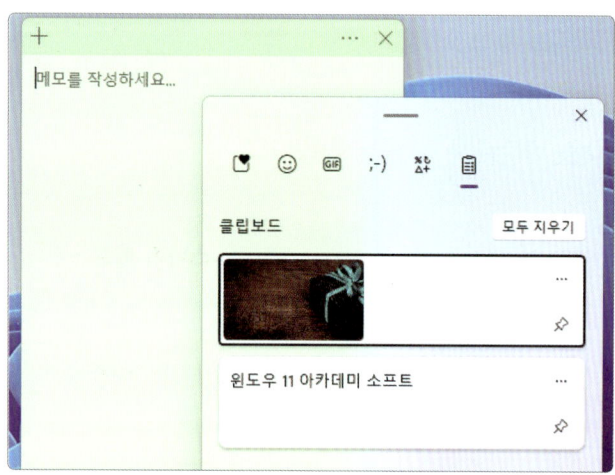
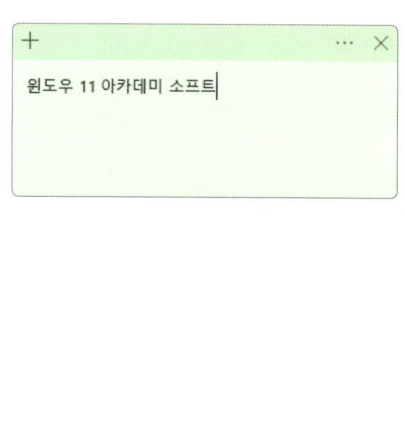

CHAPTER 11 연습문제

● 불러올 파일 : 없음   ● 완성된 파일 : 없음

문제 01 메모장에 '전자레인지'를 입력하고 복사하여 클립보드에 저장해 봅니다.

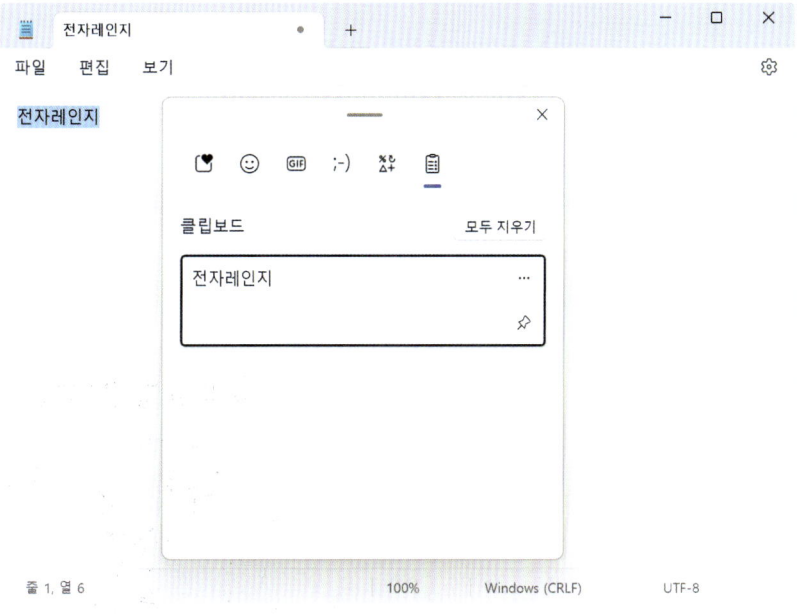

문제 02 픽사베이에서 '크리스마스'를 검색하고 원하는 사진을 찾아 복사하여 클립보드에 저장해 봅니다.

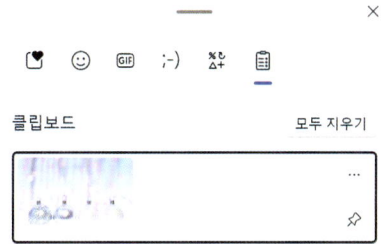

컴퓨터로 그림그리기

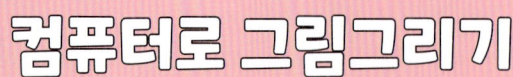

● 불러올 파일 : 지구.jpg   ● 완성된 파일 : 지구(완성).jpg

학습목표

- 그림판의 기능을 알고 활용할 수 있습니다.
- 그림판으로 색칠할 수 있습니다.

오늘 배울 기능 : 그림판 활용하기

완성작품 미리보기

01 그림판 활용하기

1. 검색창에서 '그림판'을 검색한 다음 그림판 앱을 클릭합니다.

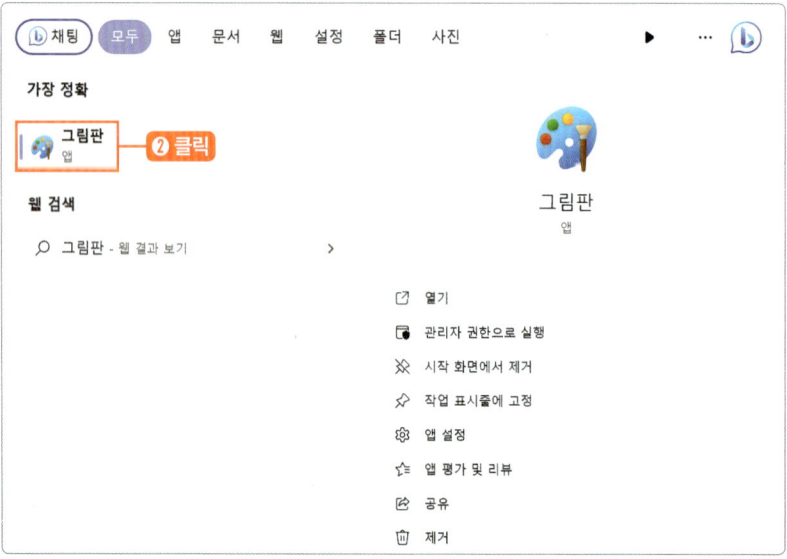

2. 그림판에서 [불러올 파일]-[CHAPTER 12]-'지구.jpg'를 선택한 다음 <열기> 단추를 클릭합니다.

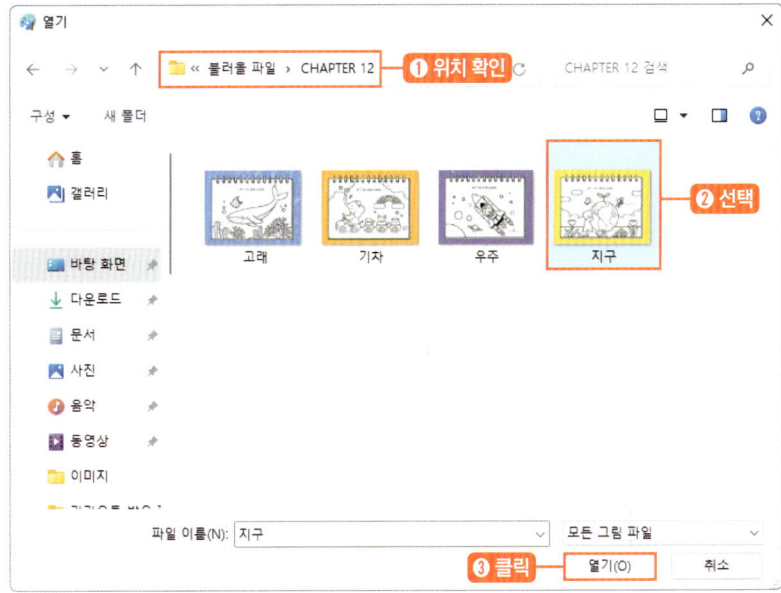

3. 전체 그림이 잘 보이도록 오른쪽 아래 [화면 확대 축소]를 이용하여 조절합니다.

4. [도구] 그룹의 [채우기( )]를 클릭합니다.

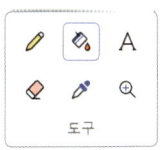

5. [색] 그룹에서 '옥색'을 클릭합니다.

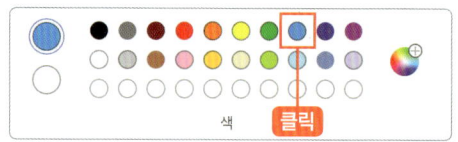

6. 컬러링 도안에서 '구름 부분'을 클릭합니다.

7. 같은 방법으로 원하는 색을 선택한 다음 컬러링 도안을 클릭하여 색을 칠합니다.

8. [색 편집( )]을 클릭하면 기본색이 아닌 새로운 색을 선택해서 사용자 색상을 추가 할 수 있습니다.

9. 원하는 색상을 색상 피커에서 클릭한 다음 [색 추가(+)]를 클릭하면 사용자 지정 색에 추가 됩니다. 이어서, <확인> 단추를 클릭합니다.

10. 추가된 색은 [색] 그룹의 세 번째 줄에 색상이 추가된 것을 확인할 수 있습니다.

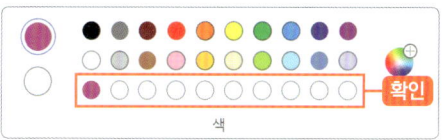

11. 다음과 같이 컬러링 도안을 완성합니다.

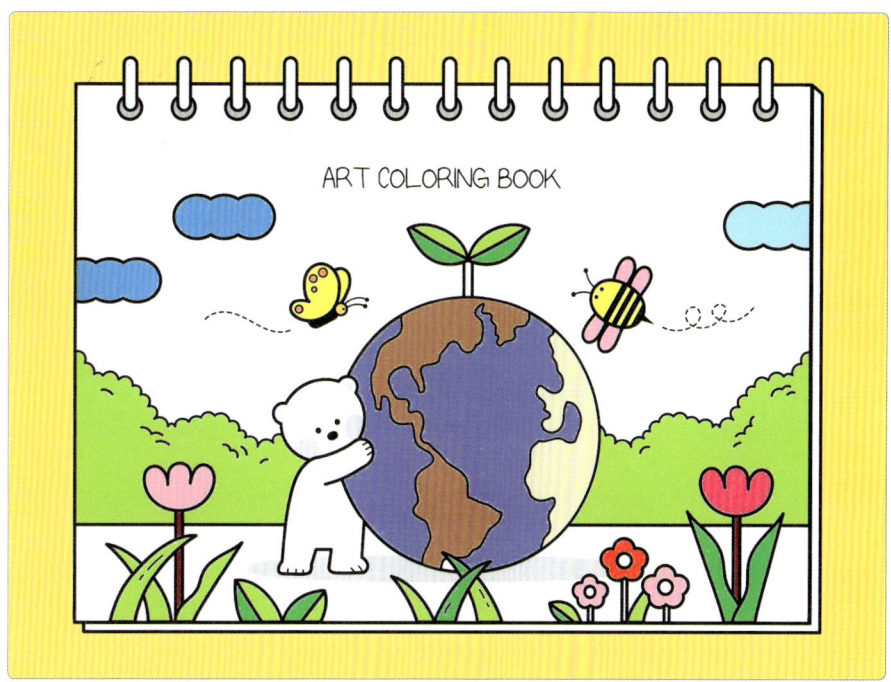

12. 픽사베이에서 '컬러링' 도안을 다운로드 받을 수 있습니다. 픽사베이 사이트에서 '컬러링'을 검색합니다.

13. 검색된 이미지 중에서 마음에 드는 이미지를 선택한 다음 [다운로드]를 클릭합니다.

※ 웹 상에서 파일을 다운로드할 때 특정 위치를 지정하지 않는 경우 기본적으로 파일은 컴퓨터의 [다운로드] 폴더에 저장됩니다.

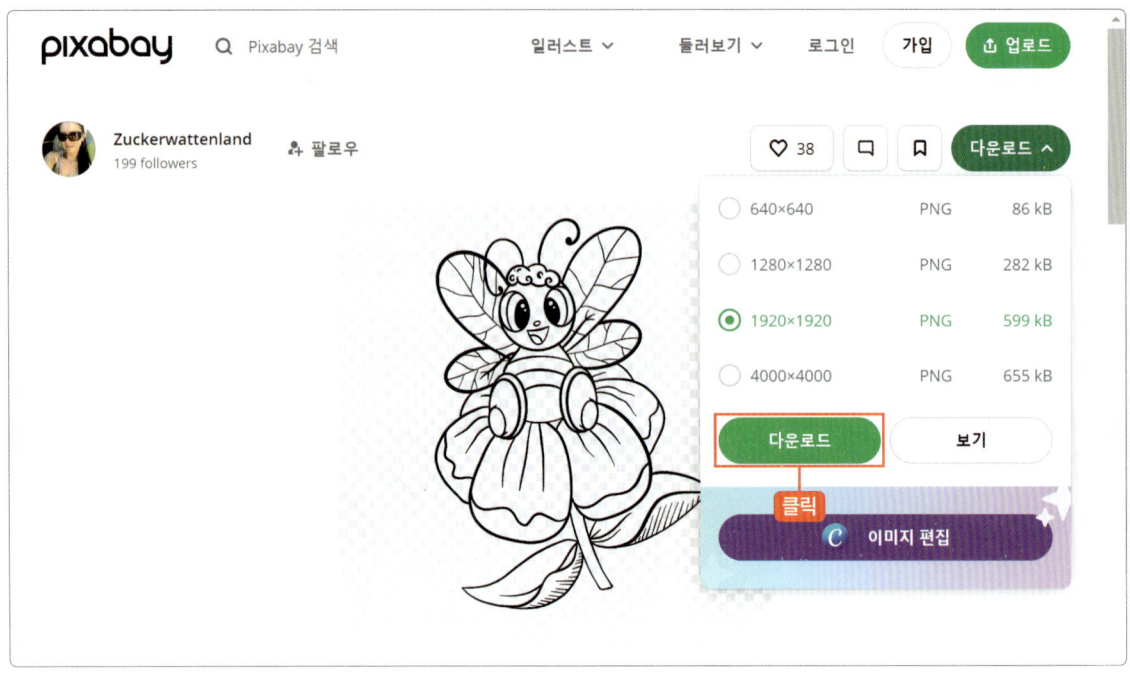

14. 상단 오른쪽의 다운로드 항목에서 폴더 모양을 클릭하면 다운로드 폴더로 이동됩니다.

※ 다운로드 받은 이미지를 그림판에서 불러온 다음 색을 채워 완성합니다.

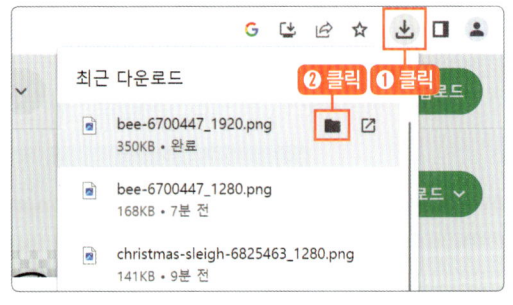

CHAPTER 12 연습문제

● 불러올 파일 : 고래.jpg, 기차.jpg, 우주.jpg   ● 완성된 파일 : 없음

문제 01 그림판에서 [불러올 파일]-[CHAPTER 12]-'고래.jpg'를 선택한 다음 색을 채워 완성합니다.

문제 02 그림판에서 [불러올 파일]-[CHAPTER 12]-'기차.jpg'를 선택한 다음 색을 채워 완성합니다.

문제 03 그림판에서 [불러올 파일]-[CHAPTER 12]-'우주.jpg'를 선택한 다음 색을 채워 완성합니다.

중간평가 연습문제

●불러올 파일 : 없음   ●완성된 파일 : 없음

문제 01 인터넷에서 '프랑스' 이미지를 검색하여 저장한 다음 바탕화면으로 변경해 봅니다.

문제 02 바탕화면에 '컴퓨터', '핸드폰', '노트북' 3개의 폴더를 만들어 봅니다.

문제 03 픽사베이에서 '컬러링'을 검색하고 이미지를 다운로드한 다음 그림판에서 색칠해 봅니다.

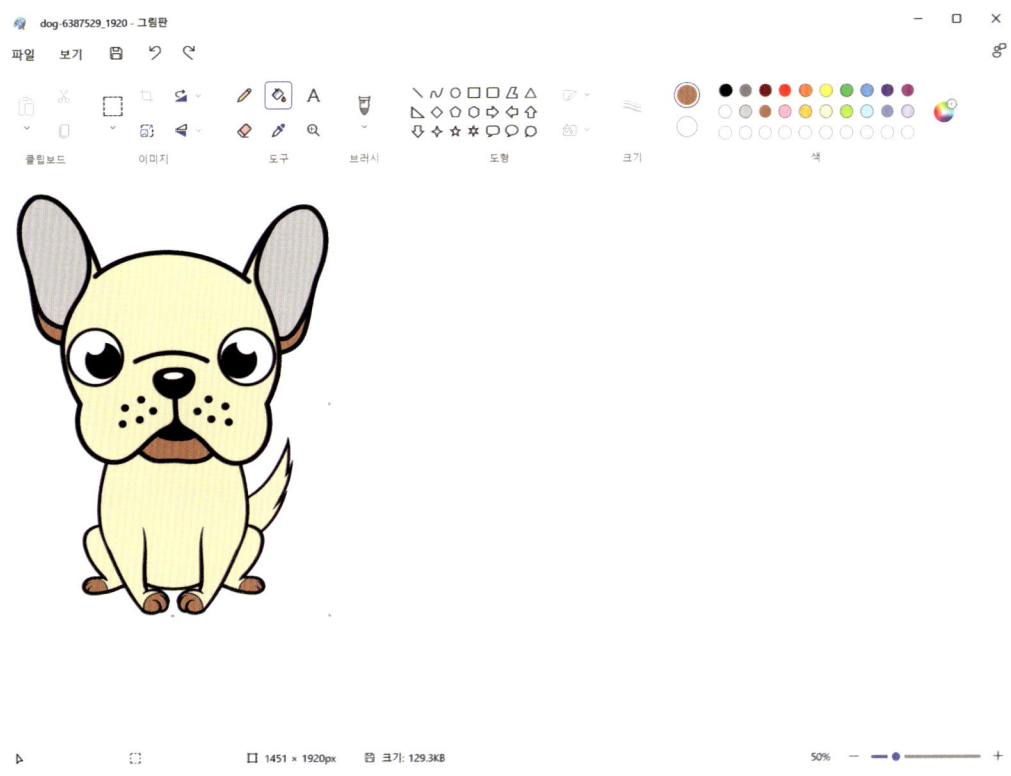

문제 04 픽사베이에서 '컬러링'을 검색하고 이미지를 다운로드한 다음 그림판에서 색칠해 봅니다.

이모지 사용하기

- 불러올 파일 : 없음
- 완성된 파일 : 이모지(완성).txt

학습목표

- 이모지를 활용하여 기분과 상태를 표현합니다.
- 단축어를 활용하여 이모지를 추가합니다.

오늘 배울 기능 : 이모지 추가하기

완성작품 미리보기

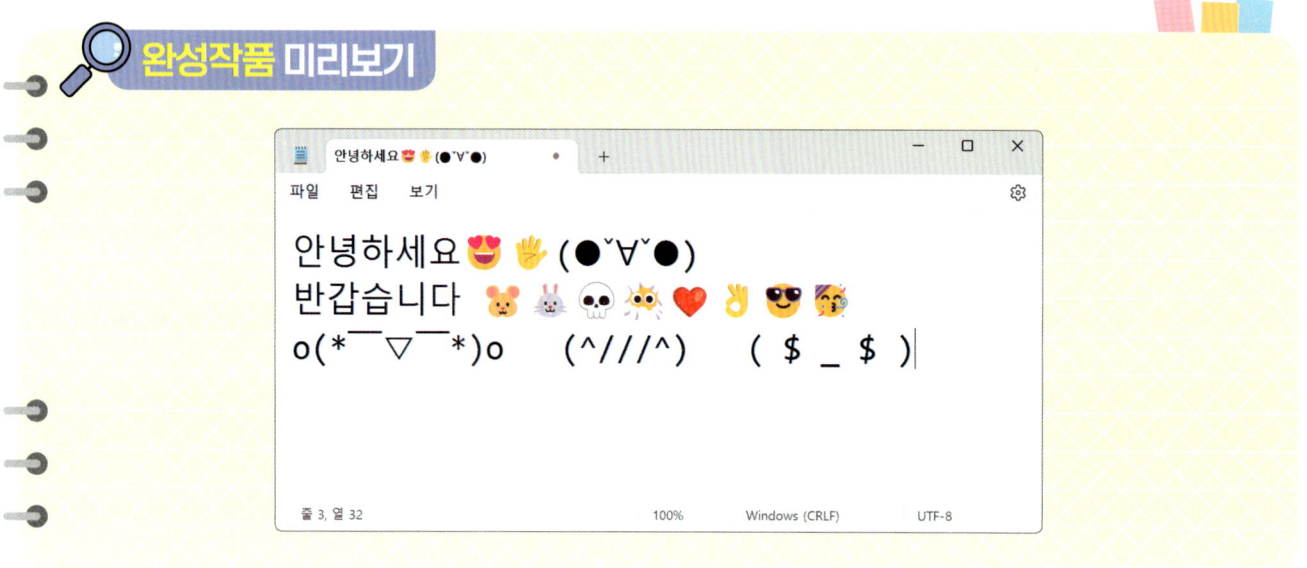

01 이모지 추가하기

1. 검색창에서 '메모장'  을 검색하고 앱을 클릭합니다.

2. 실행한 메모장 앱을 확인합니다.

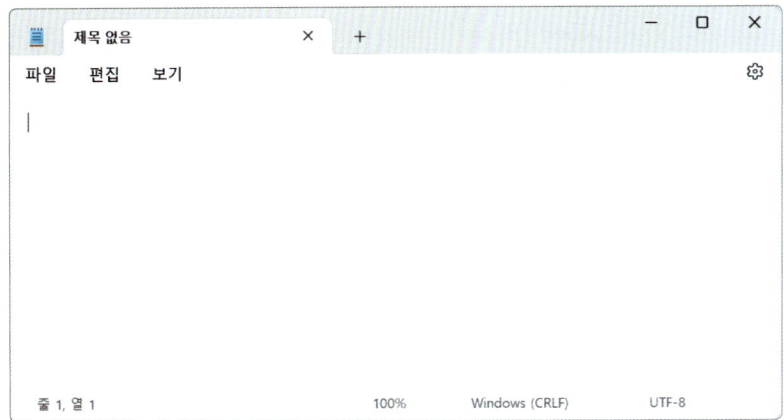

3. 실행된 메모장에 '안녕하세요'를 입력합니다.

4. 키보드에서 Window + . 키 또는 Window + ; 키를 눌러 이모지 창을 실행합니다.

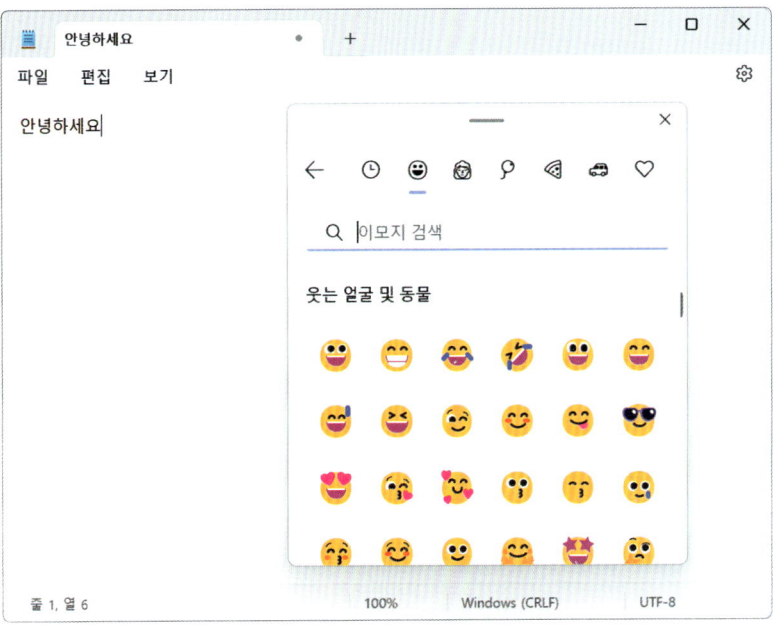

CHAPTER 13 이모지 사용하기 • 083

이모지의 6가지 [탭]
- [최근에 사용한 항목] : 최근 사용한 이모지를 확인할 수 있습니다.
- [이모지] : 여러 가지의 이모지를 추가할 수 있습니다.
- [GIF] : 움직이는 사진을 추가할 수 있습니다. 메모장에서는 불러올 수 없습니다.
- [카오모지] : 표정을 표현하는 특수문자를 추가할 수 있습니다.
- [기호] : 여러 가지 기호를 추가할 수 있습니다.
- [클립보드 기록] : 복사한 내역을 확인할 수 있습니다.

5. [이모지 ☺]를 클릭하면 상단 탭이 [이모지 목록]으로 변경됩니다.
   ※ 이모지 탭은 ❶ [최근], ❷ [웃는 얼굴 및 동물], ❸ [사람], ❹ [축하 행사 및 물건], ❺ [음식 및 식물], ❻ [교통편 및 장소], ❼ [기호]로 구성되어 있습니다.

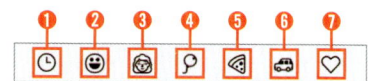

6. 이모지 탭에서 '하트 눈 얼굴(😍)'을 찾아 마우스 왼쪽 단추를 클릭합니다.

7. 메모장에 '하트 눈 얼굴' 이모지가 추가된 것을 확인할 수 있습니다.

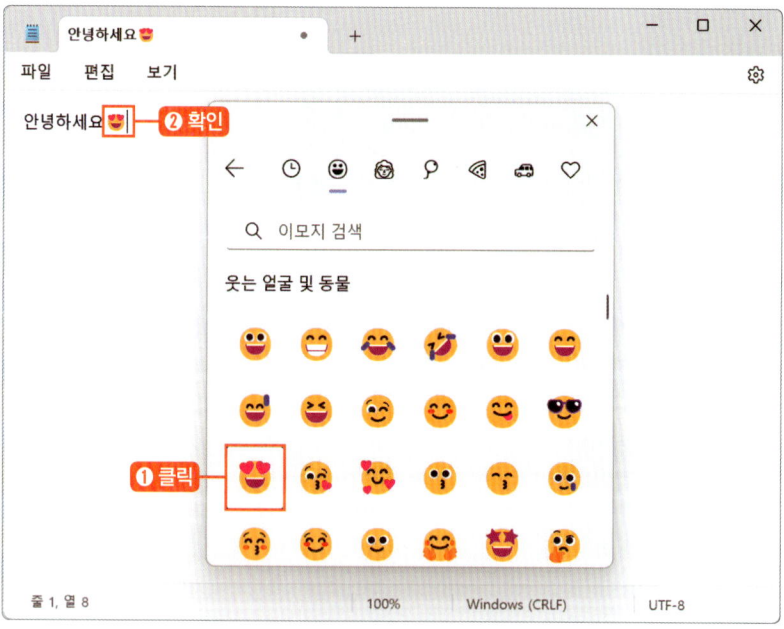

8. ⊞Window + . 키를 눌러 이모지 창을 열고 검색창에 '안녕'을 검색합니다.

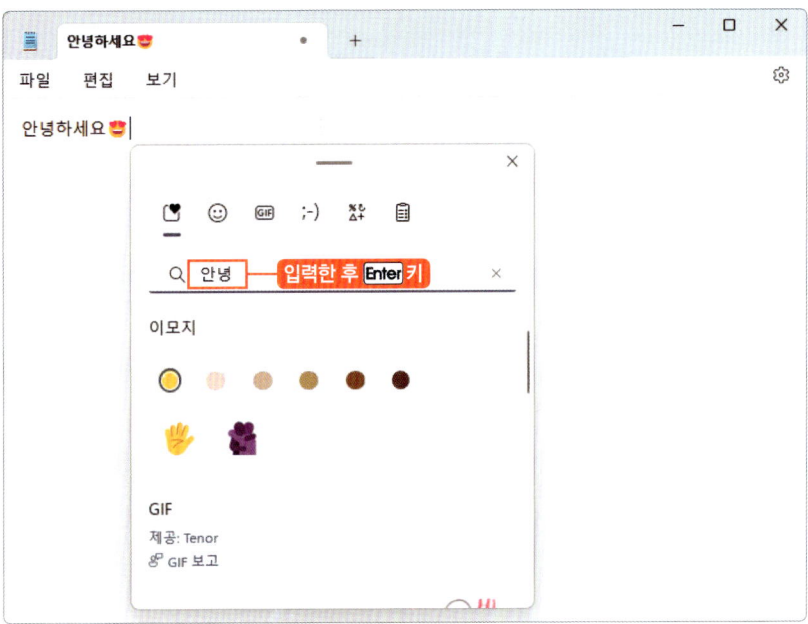

9. 검색 결과 중 '짝 편 손바닥'을 클릭하여 추가합니다.

10. 메모장을 확인하면 '짝 편 손바닥' 이모지가 추가된 것을 확인할 수 있습니다.

11. ;-) 를 클릭하면 상단 탭이 [카오모지 목록(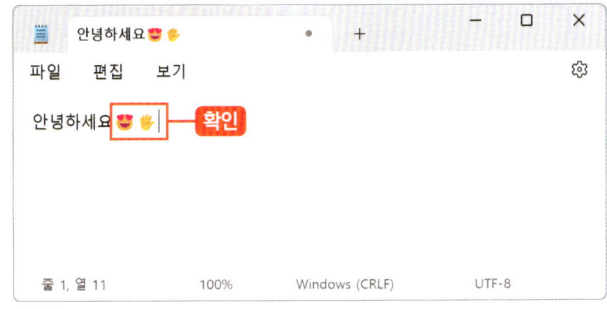)]으로 변경됩니다. 카오모지는 표정을 표현하는 특수문자로 인사할 때, 슬플 때 등등 다양하게 구성되어 있습니다.

12. 카오모지 [기쁠 때] 탭에서 (•ᴗ•) 모양을 클릭하여 메모장에 입력해 봅니다.

13. 메모장 (●ˇ∀ˇ●) 이모지가 추가된 것을 확인할 수 있습니다.

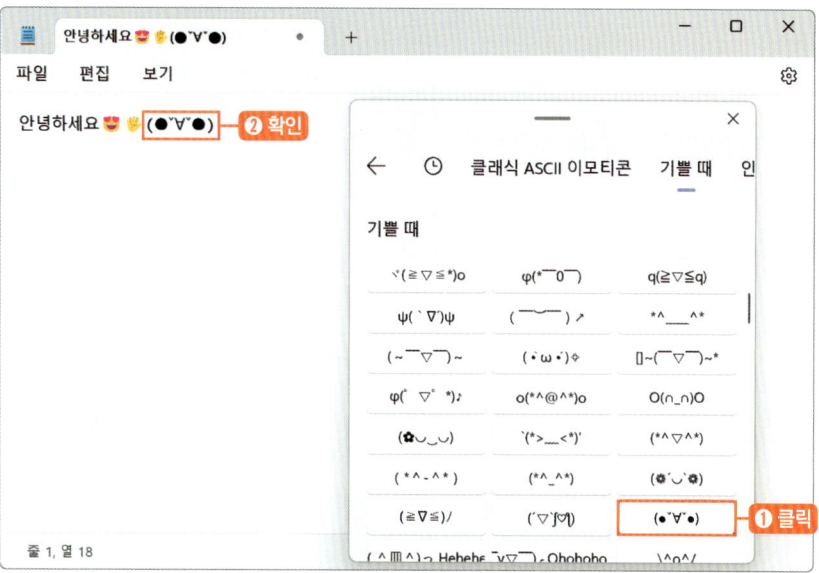

14. 원하는 이모지와 카오모지를 추가해 봅니다.

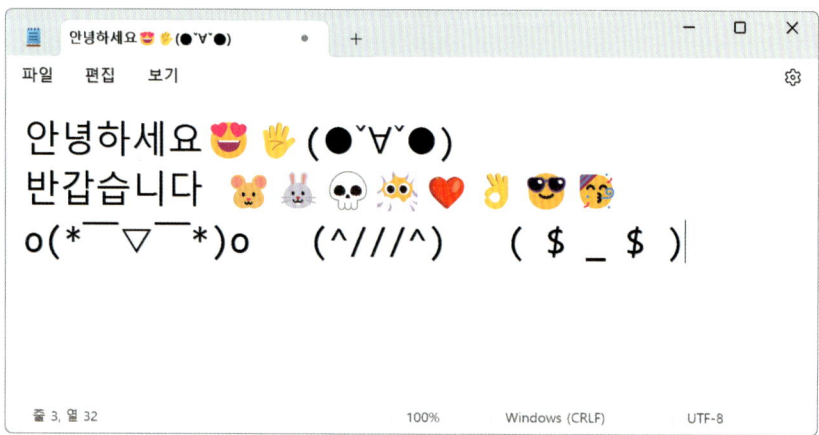

CHAPTER 13 연습문제

●불러올 파일 : 없음　●완성된 파일 : 13장 연습하기 01(완성).txt, 13장 연습하기 02(완성).txt

문제 01　메모장을 실행한 후, '이모지 입력하기'를 실행한 다음 자동차 이모지를 입력합니다.

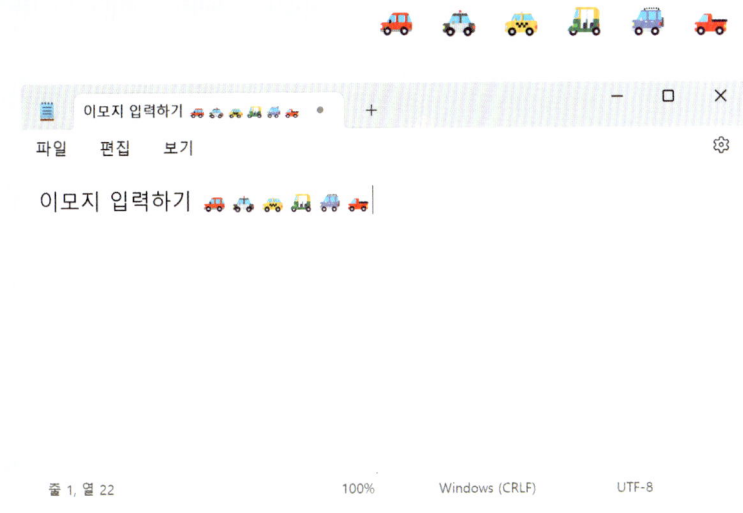

문제 02　메모장을 실행한 후, '카오모지 입력하기'에서 (^///^) φ(*￣0￣) 카오모지를 추가합니다.

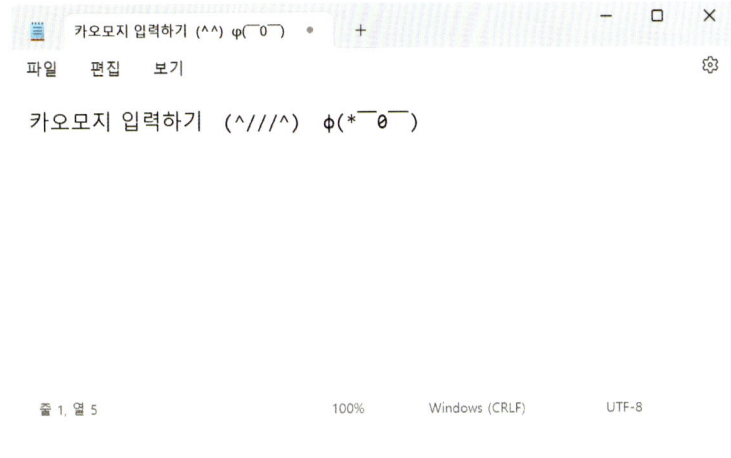

캡처 도구 활용하기

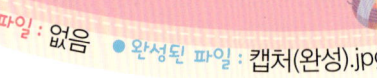

● 불러올 파일 : 없음   ● 완성된 파일 : 캡처(완성).jpg

- 캡처 도구를 실행할 수 있습니다.
- 캡처 도구를 활용하여 이미지를 저장할 수 있습니다.

오늘 배울 기능 : 화면 캡처하기, 다양한 모드로 캡처하기

완성작품 미리보기

01 캡처 도구로 화면 캡처하기

1. 작업표시줄 검색창에서 '캡처'를 입력하여 검색된 [캡처 도구] 앱을 실행합니다.

2. 실행된 캡처 도구 화면을 확인합니다.

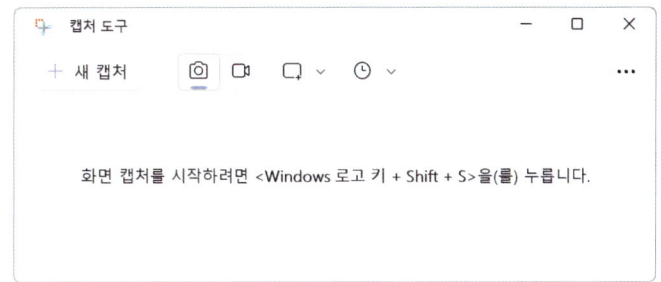

3. 픽사베이 사이트(https://pixabay.com/ko)에서 열기구를 검색합니다.

4. 원하는 열기구 사진을 클릭해서 사진을 확대합니다.

5. 작업 표시줄의 캡처 도구 를 클릭하여 실행합니다.

6. [새 캡처]를 클릭합니다.

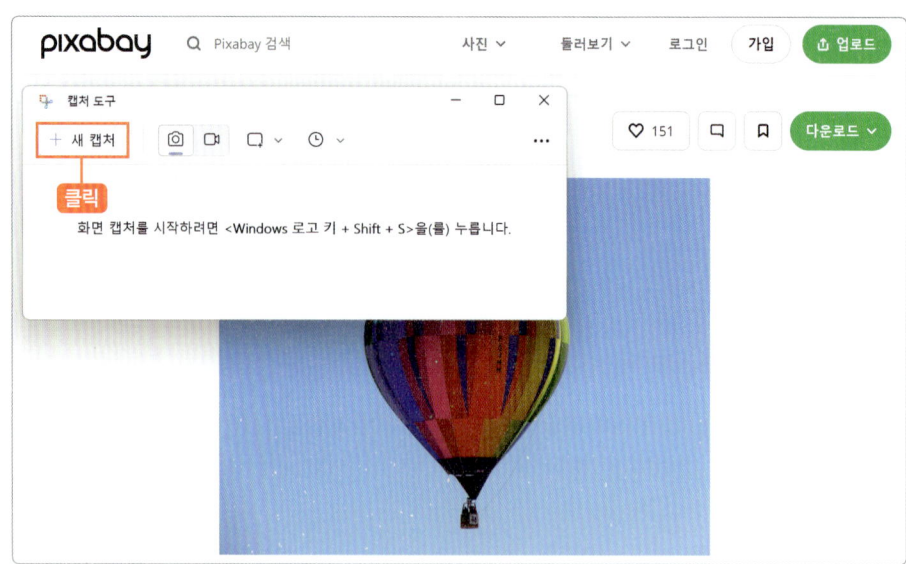

7. 캡처 화면이 흐리게 변하면 마우스로 원하는 영역을 드래그해서 캡처할 부분을 선택합니다.

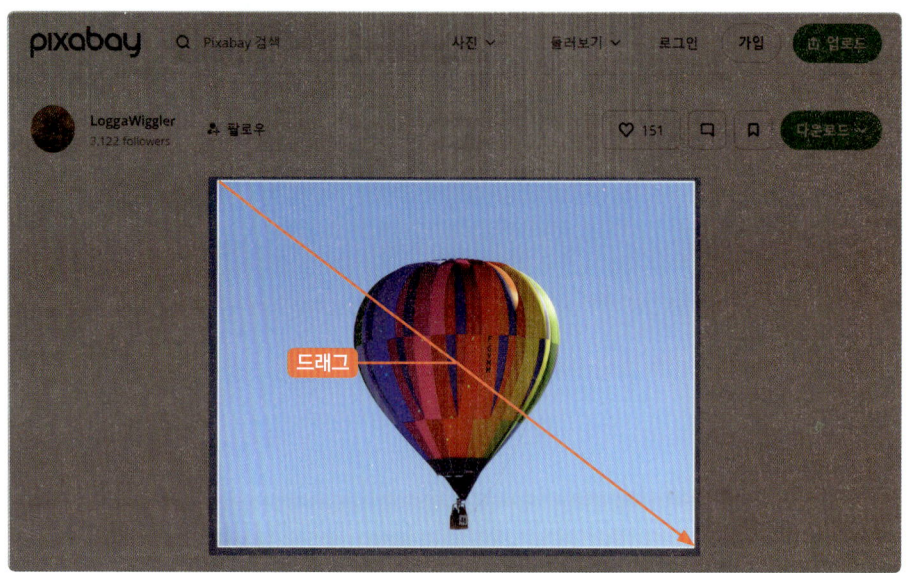

8. 캡처 도구 오른쪽 상단의 [저장 단추(🖫)]를 클릭하여 저장합니다.

9. [다른 이름으로 저장] 대화상자가 나오면 [문서]-[내 이름] 폴더를 선택하고 '파일 이름'은 '열기구'를 입력한 후, <저장> 단추를 클릭합니다.

이미지를 캡처할 때는 4가지 모드로 선택할 수 있습니다.

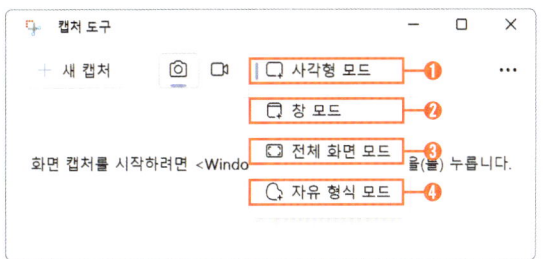

① **사각형 모드** : 내가 원하는 범위를 사각형으로 캡처하여 저장합니다.
② **창 모드** : 현재 선택한 특정 창의 화면을 저장합니다.
③ **전체 화면 모드** : 전체 화면을 캡처하여 저장합니다.
④ **자유 형식 모드** : 내가 원하는 범위를 그리는 모양대로 캡처하여 저장합니다.

10. 캡처한 사진을 [그리기 메뉴 ( )]를 이용하여 꾸미거나 편집할 수 있습니다.

11. 오른쪽 상단의 저장 단추( )를 클릭하여 저장합니다.

12. [다른 이름으로 저장] 대화상자가 나오면 [문서]-[내 이름] 폴더를 선택하고 '파일 이름'은 '열기구2'를 입력한 후, <저장> 단추를 클릭합니다.

13. 탐색기를 실행하고 [문서]-[내 이름] 폴더에 캡처된 이미지가 있는지 확인해 봅니다.

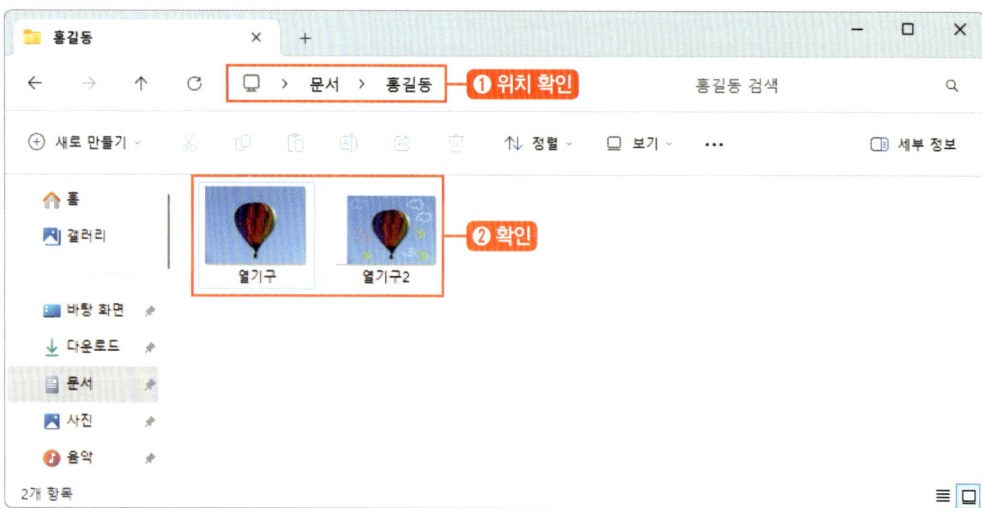

CHAPTER 14 연습문제

● 불러올 파일 : 없음   ● 완성된 파일 : 14장 연습하기 01(완성).png, 14장 연습하기02(완성).png, 14장 연습하기 03(완성).png

문제 01 픽사베이에서 '아이스크림'을 검색한 다음 '사각형 모드'로 캡처하고 저장합니다.

문제 02 픽사베이에서 '사탕'을 검색한 다음 '자유형 모드'로 사탕을 캡처하고 저장합니다.

문제 03 윤곽선이 나타나도록 설정한 후, 픽사베이에서 '바다'를 검색한 다음 '사각형 모드'로 캡처하고 저장합니다.

CHAPTER 15 사진 앱 활용하기

● 불러올 파일 : 바다1~바다8 ● 완성된 파일 : 사진 회전(완성).jpg

학습목표

- 사진 앱을 실행하고 기능을 이해할 수 있습니다.
- 사진 앱으로 이미지를 자르고 회전할 수 있습니다.

오늘 배울 기능 : 사진 앱 활용, 여러 사진 비교하기, 이미지 회전하고 자르기

완성작품 미리보기

01 사진 앱 알아보고 활용하기

1. 작업표시줄의 [파일 탐색기]를 실행한 다음 [불러올 파일]-[CHAPTER 15]-'바다1.jpg' 사진을 더블클릭합니다.

   ※ 폴더에 있는 사진을 더블클릭하면 사진 앱이 실행되고 더블클릭한 사진을 보여줍니다.

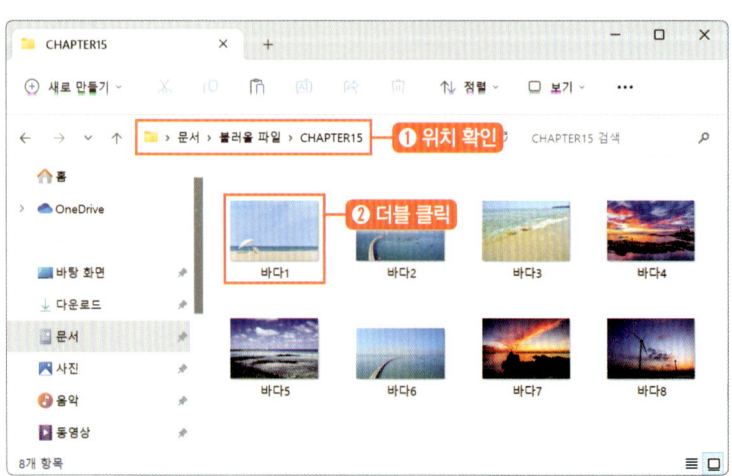

2. 사진 앱이 열리면 왼쪽 아래에 '필름스트립 표시'를 클릭합니다.

3. 이어서, 하단에 보이는 미리보기 막대에서 보고 싶은 사진을 클릭하면 클릭한 사진으로 화면이 바뀌는 것을 확인할 수 있습니다.

02 여러 사진 비교하기

1. 폴더에서 '바다6.jpg'를 더블클릭하여 사진 앱을 실행합니다.

2. 미리보기 막대에서 현재 사진과 비교할 사진에 마우스를 올려놓고 사각형 체크 박스가 생기는 것을 확인합니다.

3. 마우스를 올리면 나타나는 사각형 체크박스 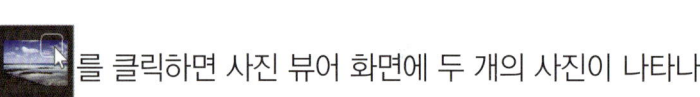 를 클릭하면 사진 뷰어 화면에 두 개의 사진이 나타나는 것을 확인할 수 있습니다.

4. 사진을 하나 더 클릭하면 화면에 세 개의 사진이 나타나는 것을 확인할 수 있습니다.

03 이미지 편집하기

1. [미리보기 막대]에서 편집하고 싶은 사진을 클릭한 다음 [이미지 편집( )]을 클릭합니다.

2. 모서리에 표시되는 핸들을 드래그하여 원하는 크기로 사진을 자를 수 있습니다.

이미지 눈금 바

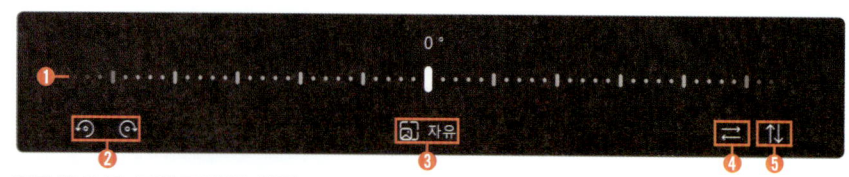

❶ **눈금 바** : 눈금을 왼쪽 또는 오른쪽으로 드래그해서 회전
❷ **회전** : 시계 방향 90도 회전, 시계 반대 방향 90도 회전
❸ **자유** : 여러 가지 비율로 조정이 가능합니다.
❹ **가로로 대칭 이동** : 이미지를 가로로 뒤집기를 합니다.
❺ **세로로 뒤집기** : 이미지를 세로로 뒤집기를 합니다.

3. 이미지 편집을 완료하면 [저장 옵션]-[복사본으로 저장]을 클릭한 다음 편집한 사진을 본인 폴더에 저장합니다.

- [복사본으로 저장] : 원본 사진은 보존하고 편집한 사진을 따로 저장합니다.
- [저장] : 편집한 사진을 원본 파일로 저장합니다. (원본 파일에 덮어쓰기)
- [취소] : 편집한 모든 내용을 삭제할 수 있습니다.

CHAPTER 15 연습문제

● 불러올 파일 : 풍선.jpg, 선물.jpg   ● 완성된 파일 : 15장 연습하기 01(완성).jpg, 15장 연습하기 02(완성).jpg

문제 01   작업표시줄의 [파일 탐색기]를 실행한 다음 [불러올 파일]-[CHAPTER 15]-'풍선.jpg' 사진을 더블클릭한 다음 사집 앱에서 사진을 25° 회전시키고 복사본으로 저장합니다.

▲ 원본

▲ 25° 회전

문제 02   작업표시줄의 [파일 탐색기]를 실행한 다음 [불러올 파일]-[CHAPTER 15]-'선물.jpg' 사진을 더블클릭한 다음 사진 앱에서 시계 방향으로 90° 회전시키고 복사본으로 저장합니다.

CHAPTER 16 이미지 편집하기

• 불러올 파일 : 장미집.jpg, 소녀01.jpg • 완성된 파일 : 장미집(완성).jpg, 소녀 01(완성).jpg

- 사진 앱으로 이미지를 편집할 수 있습니다.
- 필터를 활용하여 이미지를 보정할 수 있습니다.

오늘 배울 기능 : 이미지 조정하기, 이미지 필터로 보정하기, 잡티 제거하기

완성작품 미리보기

 사진 앱 알아보고 활용하기

1. 작업표시줄의 [파일 탐색기]를 실행한 다음 [불러올 파일]-[CHAPTER 16]-'장미집.jpg' 사진을 더블클릭하면 사진 앱이 실행되며 사진을 보여줍니다.

2. 위쪽의 [이미지 편집(🖼)]을 클릭합니다.

3. 조정을 클릭한 다음 오른쪽 메뉴에서 슬라이더를 움직여 '밝기', '노출' 등을 조절할 수 있습니다.

4. 다음과 같이 슬라이더를 움직여 이미지를 세밀하게 수정해 봅니다.

5. 왼쪽 상단의 [다시 설정]을 클릭하면 수정했던 작업을 취소하고 원본으로 다시 되돌릴수 있습니다.

    ※ 실행 취소와 다시 실행은 작업을 하면서 한 단계씩 취소를 진행할 수 있습니다.
      실행 취소(↺) : 방금 한 작업을 취소할 수 있습니다.
      다시 실행(↻) : 취소한 작업을 다시 되돌릴 수 있습니다.

CHAPTER 16 이미지 편집하기 ● 101

6. 이미지 편집에서 [필터] 항목을 클릭합니다.

7. 오른쪽 필터에서 [드라마틱한 쿨톤]을 클릭합니다.

8. 해당 필터로 이미지가 변경되며 [강도] 슬라이더를 움직여 필터 효과를 조절할 수 있습니다.

9. 사진 편집이 완료되면 편집한 사진을 내 폴더에 복사본으로 저장합니다.

10. [불러올 파일]-[CHAPTER 16]-'소녀01.jpg'를 더블클릭합니다.

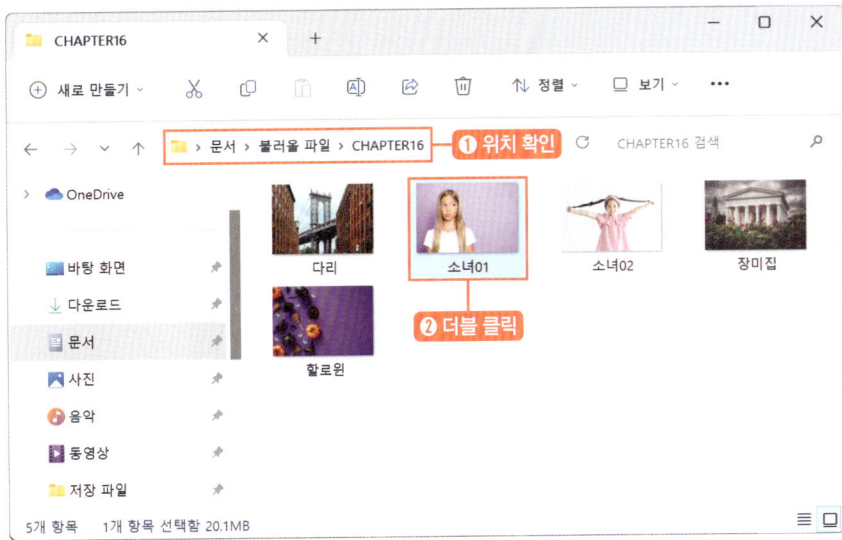

11. 상단의 [이미지 편집(📝)]을 클릭합니다.

12. [잡티 제거] 탭을 클릭합니다. 사진의 잡티를 제거할 수 있습니다.

13. 즉석 수정의 [크기] 슬라이더를 움직여 마우스 크기를 조절할 수 있습니다.

CHAPTER 16 이미지 편집하기 • 103

14. 마우스 휠을 위·아래로 움직이면 이미지가 확대됩니다. 이미지를 확대하여 마우스를 클릭하면 쉽게 잡티를 제거할 수 있습니다.

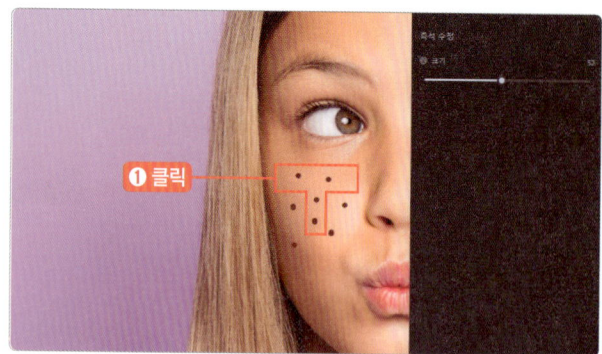 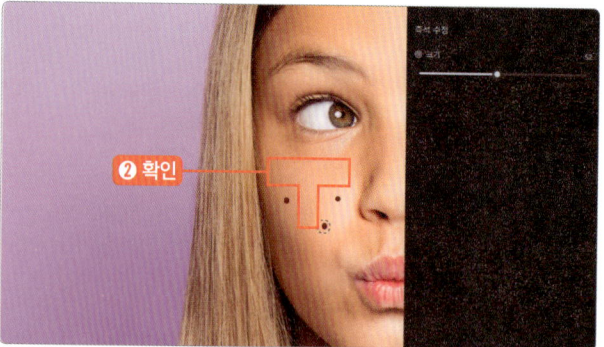

15. 잡티를 모두 제거하면 [저장 옵션]-[복사본으로 저장]을 클릭합니다.

16. 내 폴더에 '소녀01.jpg'로 저장합니다.

CHAPTER 16 연습문제

● 불러올 파일 : 다리.jpg, 소녀02.jpg   ● 완성된 파일 : 16장 다리(완성).jpg, 16장 소녀 02(완성).jpg

문제 01 [불러올 파일]-[CHAPTER 16]-'다리.jpg'를 더블클릭한 다음 사진 앱에서 '밝은 쿨톤' 필터를 이용하여 수정한 다음 복사본으로 저장합니다.

▲ 원본

▲ 밝은 쿨톤 필터 적용

문제 02 [불러올 파일]-[CHAPTER 16]-'소녀02.jpg'를 더블클릭한 다음 사진 앱에서 '잡티'를 제거하고 복사본으로 저장합니다.

크롬 브라우저

● 불러올 파일 : 없음   ● 완성된 파일 : 없음

학습목표

- 크롬을 설치하고 살펴볼 수 있습니다.
- 크롬에서 북마크를 설정할 수 있습니다.

오늘 배울 기능 : 크롬 설치, 크롬 브라우저 살펴보기, 북마크 설정하기

완성작품 미리보기

01 크롬 설치하기

1. 작업표시줄의 [마이크로 소프트 엣지( )] 를 클릭하여 실행합니다.

2. 검색칭에 '크롬 다운로드'를 검색합니다.

3. 검색 결과 중 'Chrome 웹브라우저 – Google'을 클릭합니다.

4. [Chrome 다운로드]를 클릭합니다.

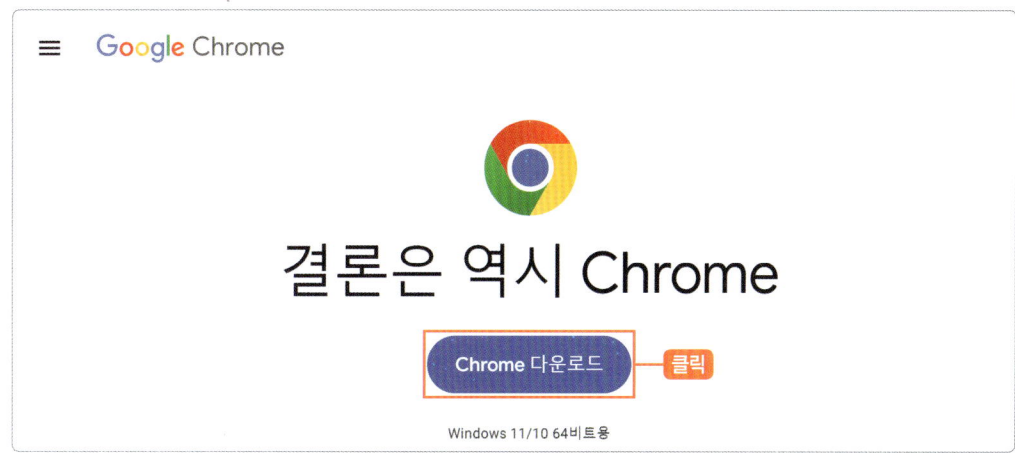

5. 오른쪽 상단의 다운로드 목록에서 '파일 열기'를 클릭합니다.

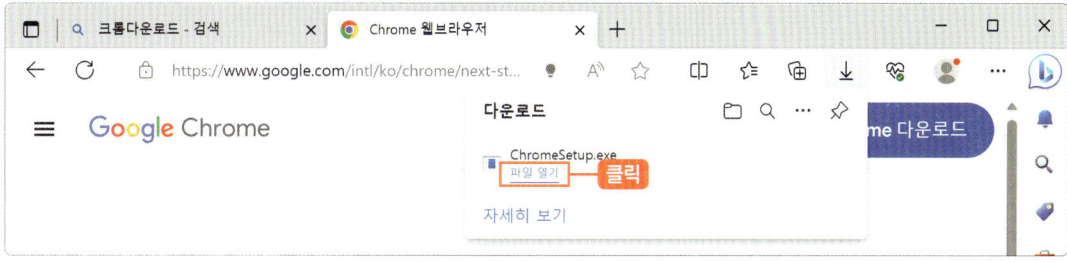

6. 허용 팝업이 나오면 <예> 단추를 클릭하여 설치를 진행합니다.

7. 다운로드와 설치가 진행됩니다.

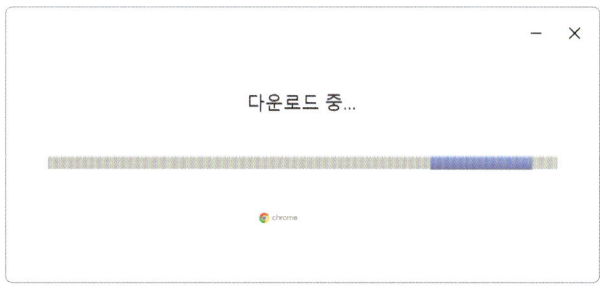
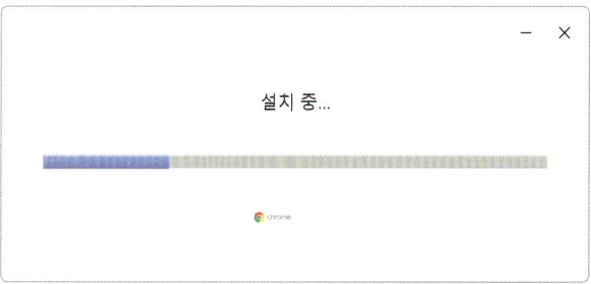

8. 설치가 완료되면 크롬이 자동으로 열립니다.

9. 바탕화면에 크롬 아이콘이 설치된 것을 확인할 수 있습니다.

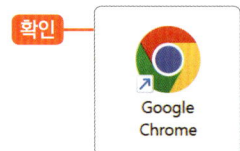

02 크롬 브라우저 살펴보기

1. 바탕화면에서 크롬 아이콘을 더블클릭하면 크롬이 실행됩니다.

2. 크롬 검색창에 '네이버'를 입력한 다음 Enter 키를 누릅니다. 이어서, 'NAVER – 네이버'를 클릭합니다.

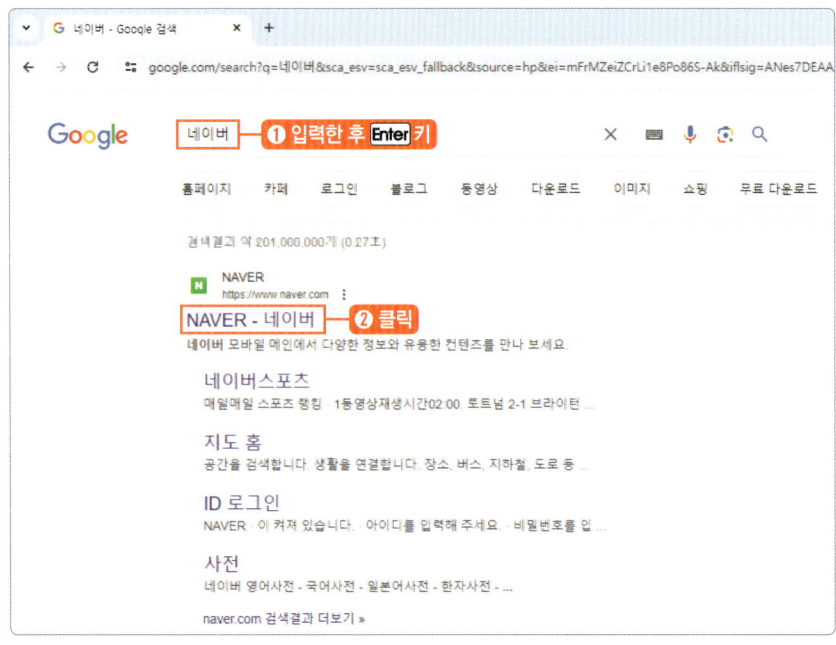

3. 네이버 사이트에서 [뒤로]를 클릭하면 이전 페이지로 이동할 수 있습니다.

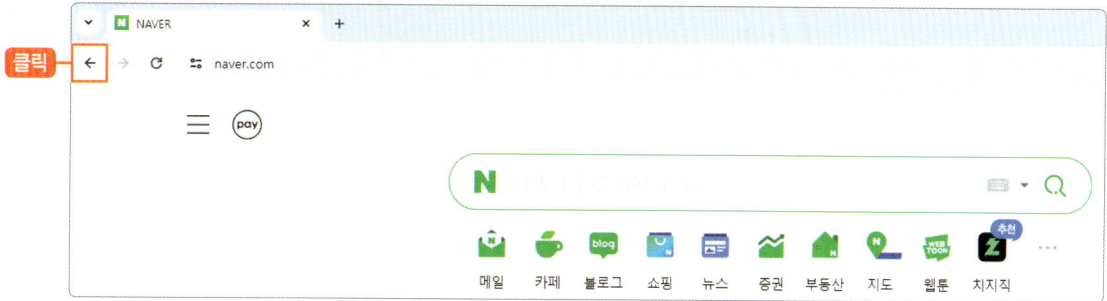

03 북마크 설정하기

1. 검색창에 '픽사베이'를 입력하여 사이트로 이동합니다.

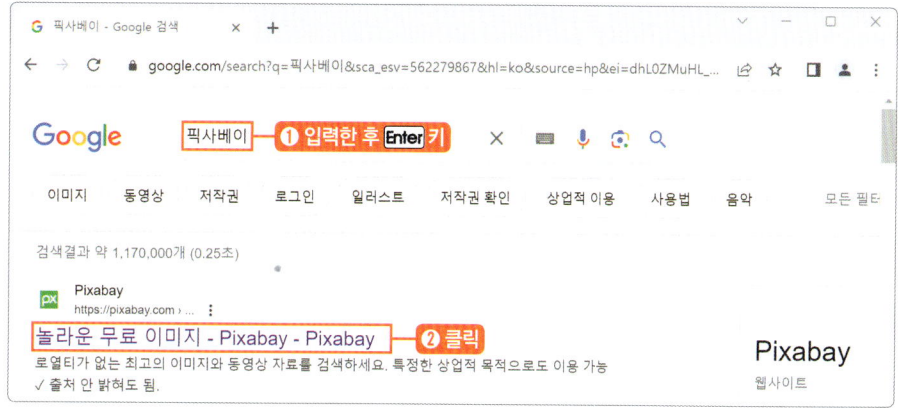

2. 오른쪽 위에 있는 [현재 탭을 북마크에 추가(☆)]를 클릭한 다음 <완료> 단추를 클릭합니다.

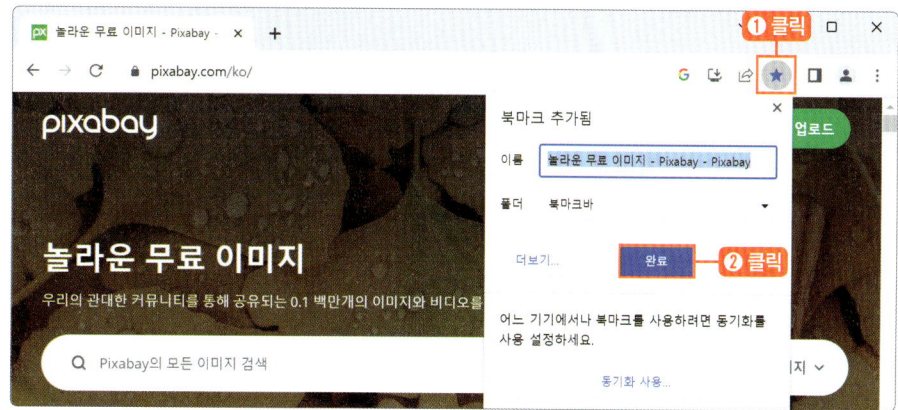

3. 왼쪽 위에 북마크가 추가된 것을 확인할 수 있습니다.

※ 오른쪽 위에 [이 탭의 북마크 수정(★)]을 클릭한 후, <삭제> 단추를 클릭하면 북마크가 삭제됩니다.

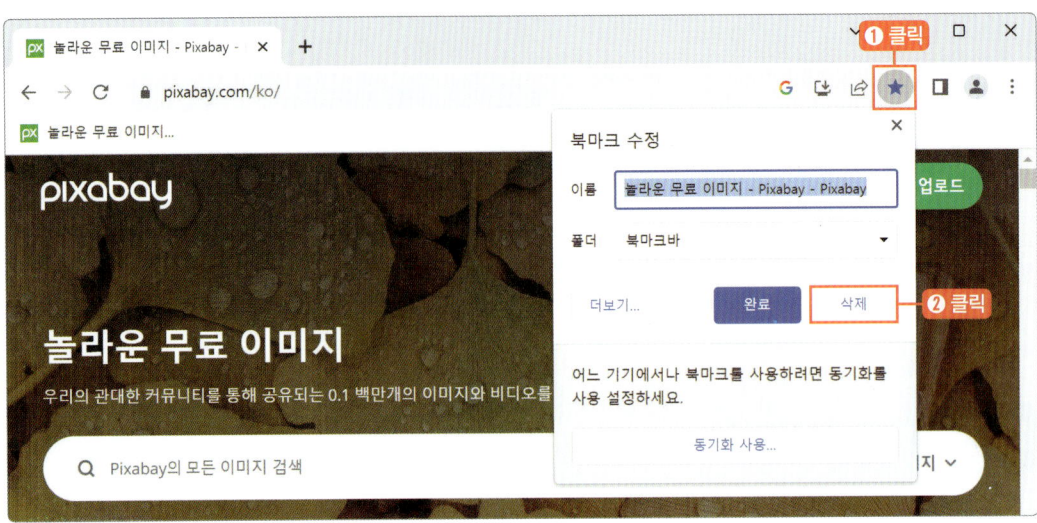

4. 다른 사이트를 검색한 다음 북마크를 추가해 봅니다.

※ 북마크 : 네이버 한자사전, 네이버 영어사전

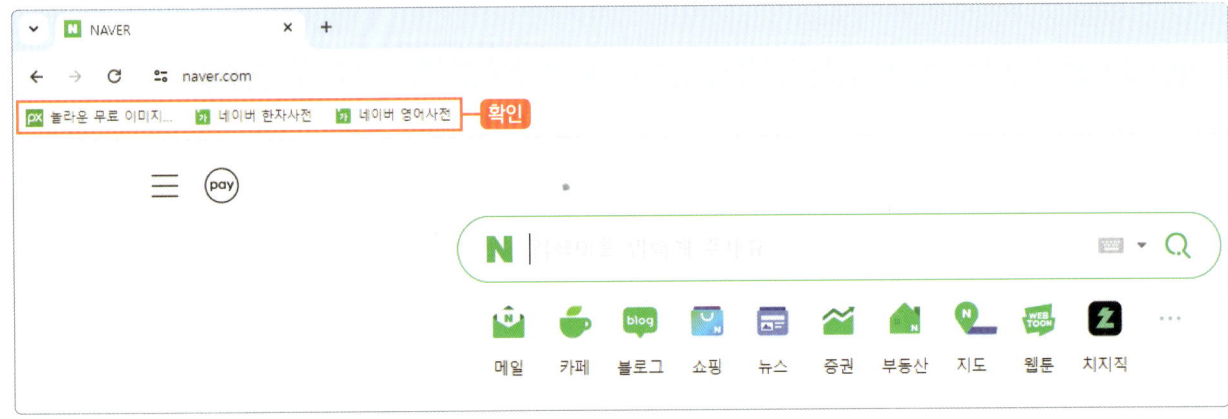

연습문제

●불러올 파일 : 없음　●완성된 파일 : 없음

문제 01　유튜브를 검색하여 이동한 다음 북마크에 저장합니다.

문제 02　네이버를 검색하여 이동한 다음 북마크에 저장합니다.

문제 03　북마크한 유튜브를 북마크에서 삭제합니다.

크롬 활용하기

● 불러올 파일 : 없음   ● 완성된 파일 : 없음

학습목표

- 북마크를 설정하고 관리할 수 있습니다.
- 사이트를 시작 그룹으로 설정하고 기본 검색 엔진을 바꿀 수 있습니다.
- 외국 사이트를 번역할 수 있습니다.

오늘 배울 기능 : 북마크 관리하기, 자주 가는 사이트를 시작 그룹으로 바꾸기, 기본 검색 엔진 바꾸기, 인터넷 사용 기록 삭제하기, 외국 사이트 번역하기

완성작품 미리보기

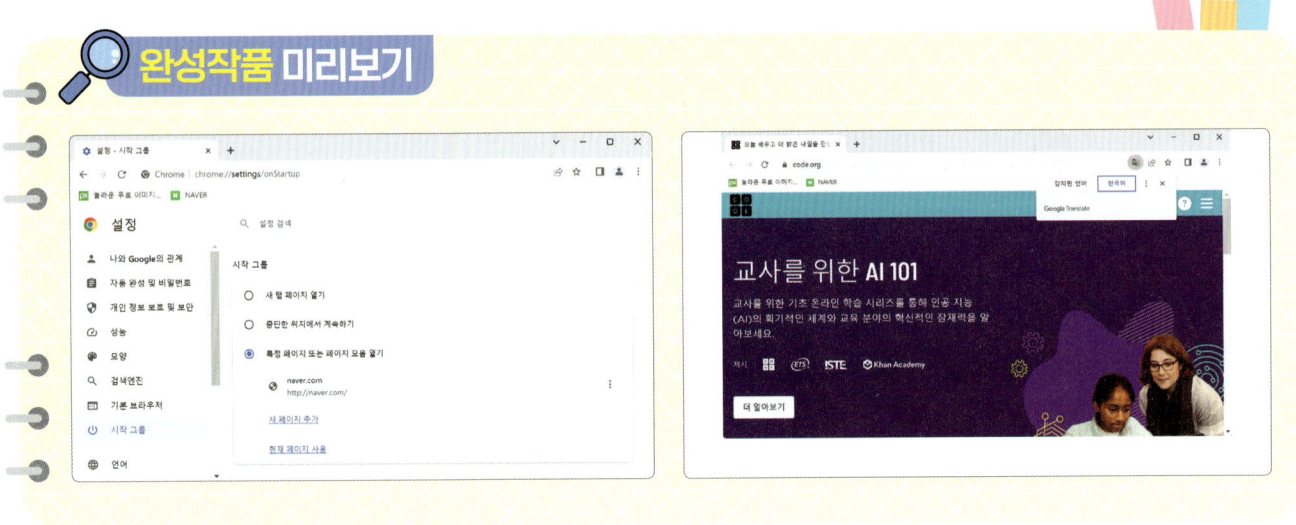

01 북마크 관리하기

1. 크롬에 접속하여 북마크되어 있는 '픽사베이'를 클릭합니다.

2. 바로 픽사베이 사이트로 이동하는 것을 확인할 수 있습니다.

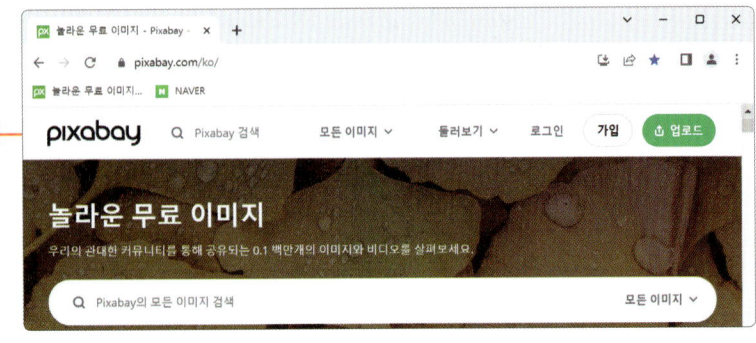

3. 크롬의 [측면 패널]-[북마크바]를 클릭하면 모든 북마크를 한 번에 쉽게 확인할 수 있습니다.

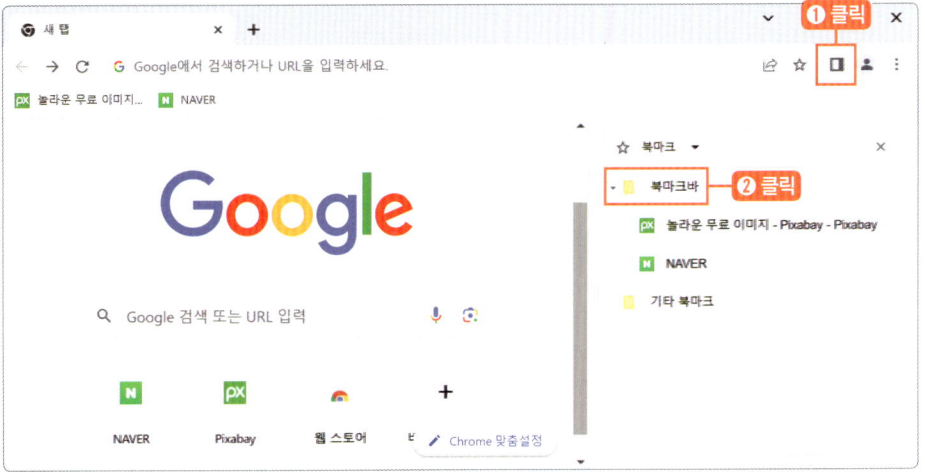

4. [Chrome 맞춤설정 및 제어(⋮)]를 클릭한 다음 [북마크 및 목록]-[북마크 관리자]를 선택하면 새 탭에서 북마크가 모두 표시됩니다.

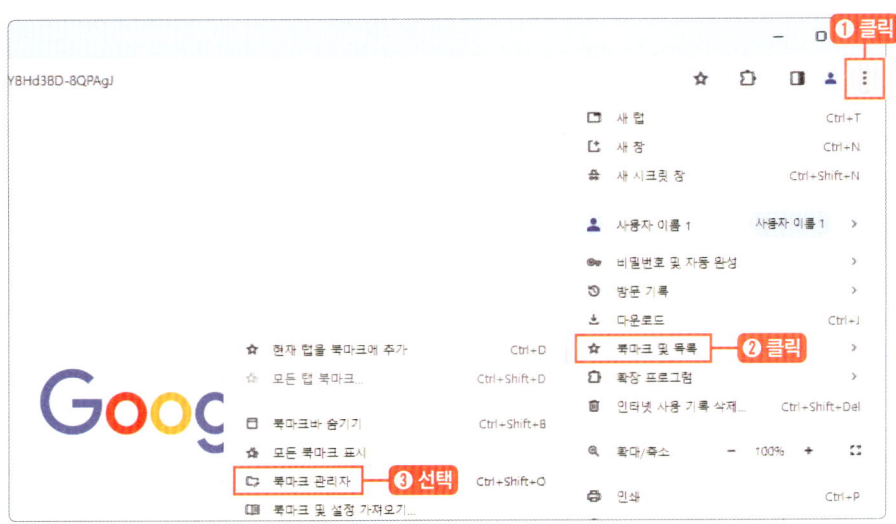

5. 북마크 오른쪽의 [추가 작업(⋮)]을 클릭하면 북마크에 사용 가능한 메뉴를 확인할 수 있습니다.

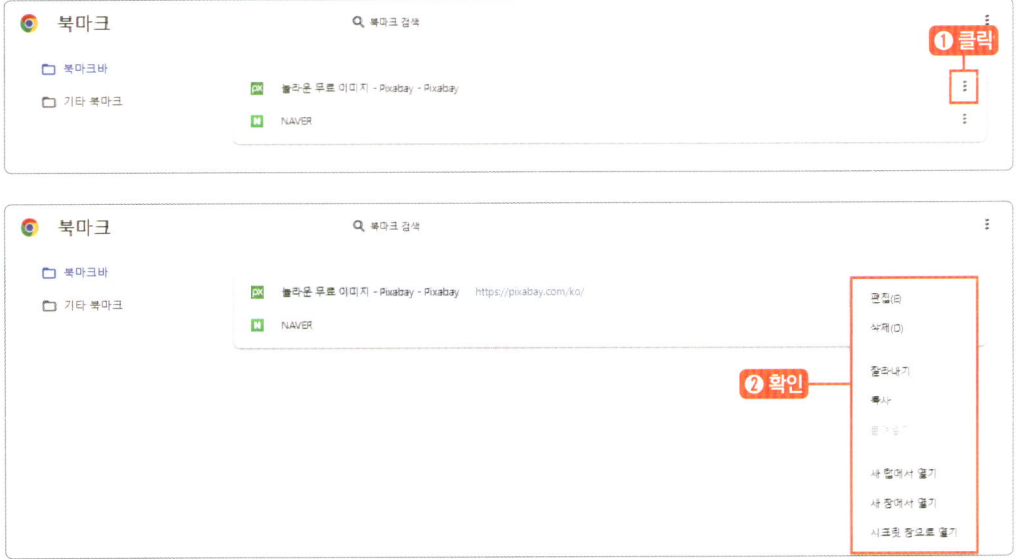

02 자주 가는 사이트로 시작 그룹 변경하기

1. 크롬 화면에서 [크롬 맞춤 설정 및 제어]-[설정]-[시작 그룹]을 클릭합니다.

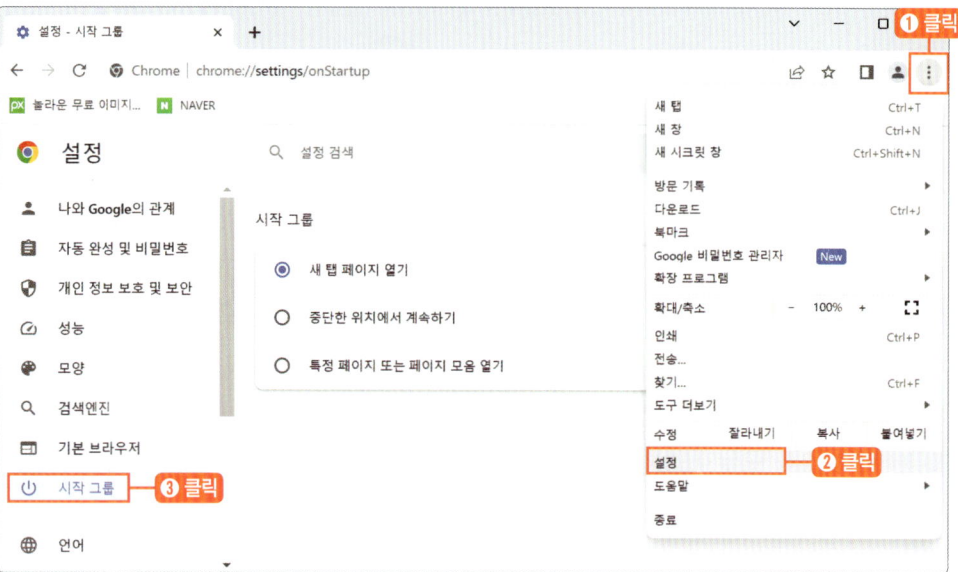

2. [시작 그룹]-[특정 페이지 또는 페이지 모음 열기]-[새 페이지 추가]를 클릭합니다.

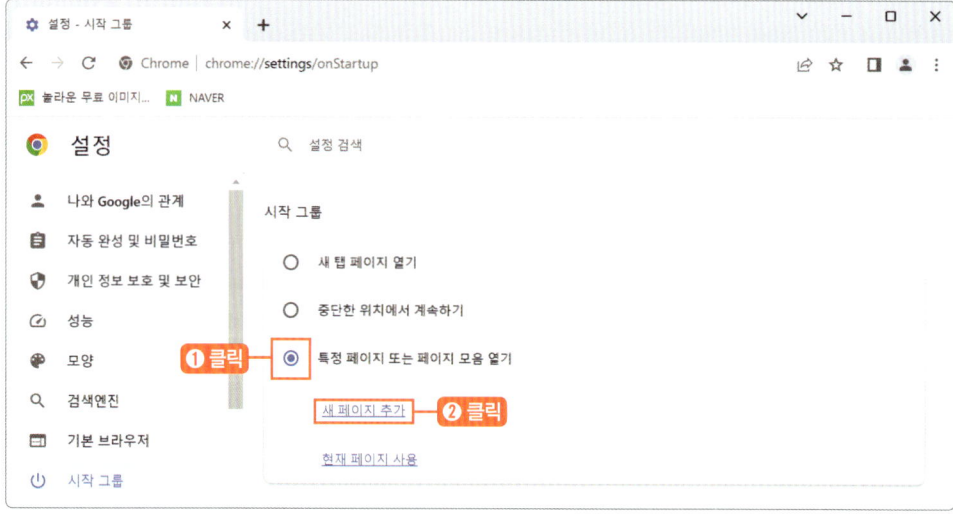

3. 새 페이지 추가에서 'naver.com'을 입력한 다음 <추가> 단추를 클릭합니다.
   (네이버가 시작 페이지로 설정됩니다.)

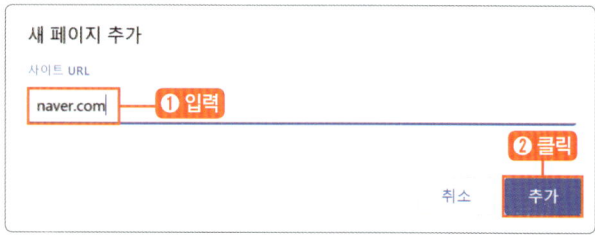

4. 페이지가 추가된 것을 확인하고 크롬 브라우저를 닫습니다.

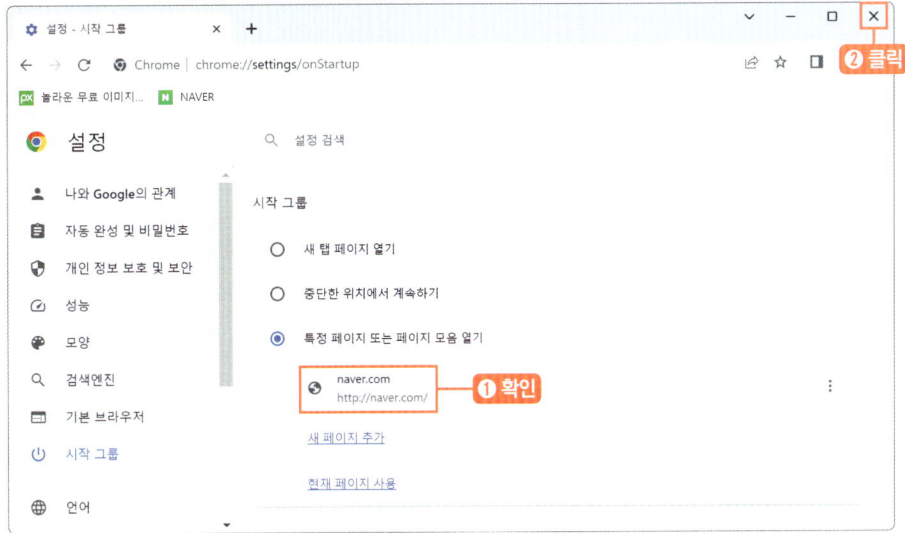

5. 다시 크롬을 실행시키면 추가한 '네이버' 사이트가 시작 페이지로 변경된 것을 확인할 수 있습니다.

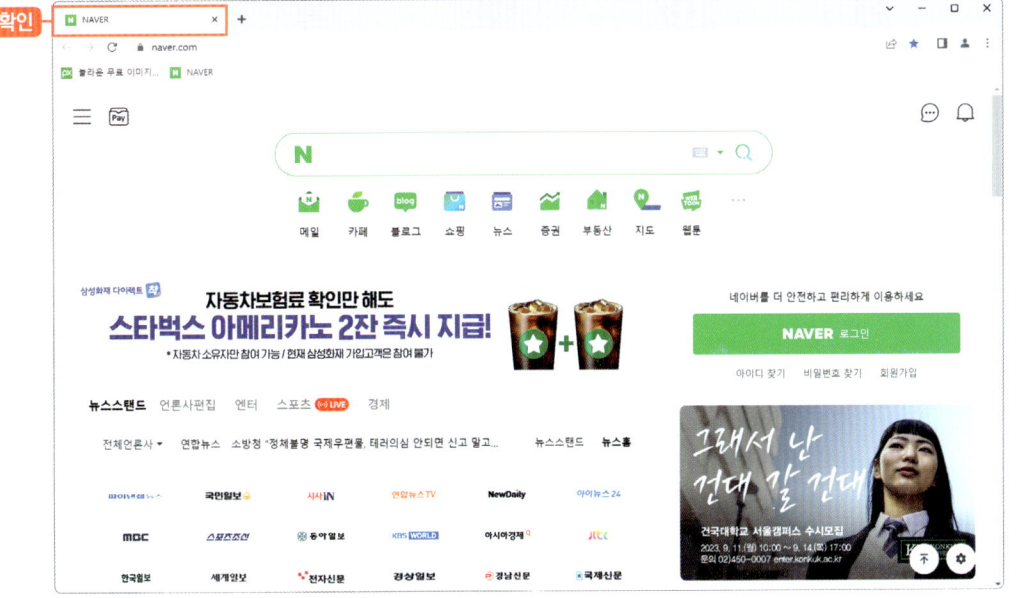

03 기본 검색 엔진 설정하기

1. 크롬에서 [크롬 맞춤 설정 및 제어]-[설정]-[검색 엔진]을 차례로 클릭하여 기본 설정되어 있는 'Google'을 '네이버' 검색 엔진으로 바꿔줍니다.

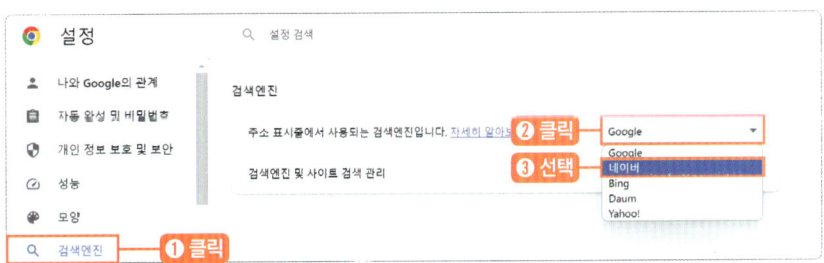

CHAPTER 18 크롬 활용하기 • 115

2. 검색 엔진을 바꾼 후, 새 탭을 추가하면 검색 엔진이 네이버로 변경된 것을 확인할 수 있습니다.

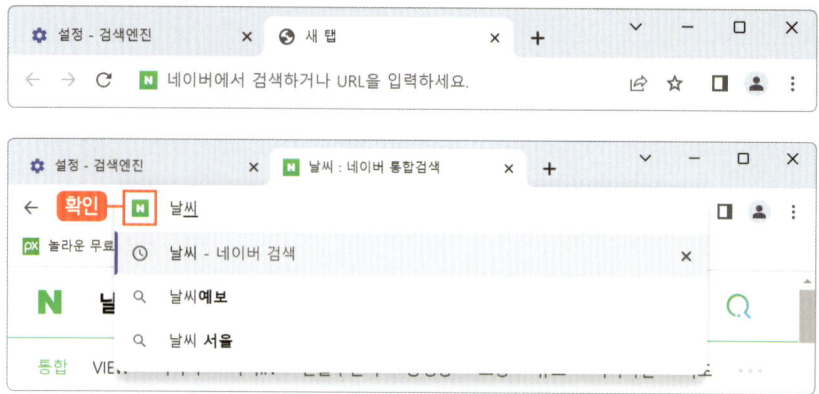

04 사이트 번역하기

1. 크롬에서 [크롬 맞춤 설정 및 제어]-[설정]-[언어]-[Google 번역]에서 Google 번역 사용을 [켬]으로 설정합니다.

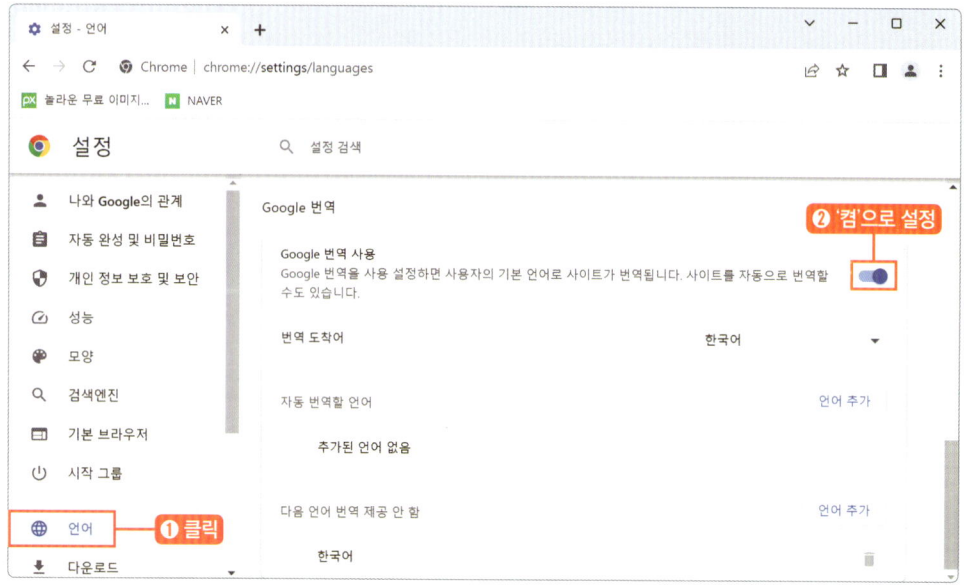

2. 'code.org' 사이트에 접속한 다음 감지된 언어를 [한국어]로 변경시켜 주는 것을 확인할 수 있습니다. [이 사이트 번역 안함]을 클릭하면 원래 언어로 보여줍니다.

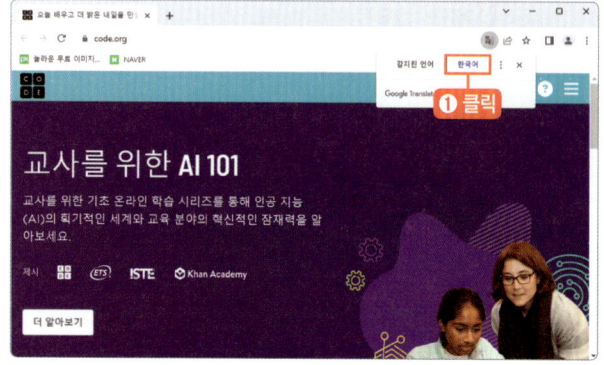
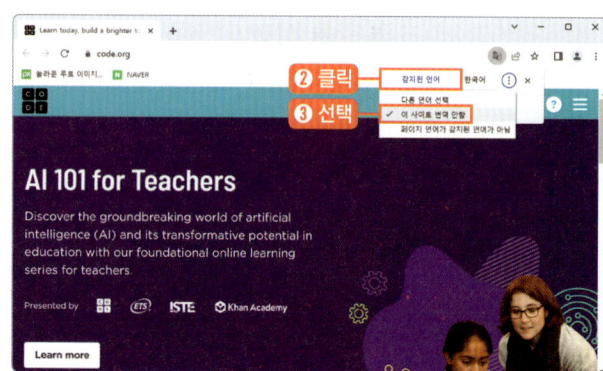

CHAPTER 18 연습문제

●불러올 파일 : 없음   ●완성된 파일 : 없음

문제 01 크롬의 검색 엔진을 [Bing]으로 설정합니다.

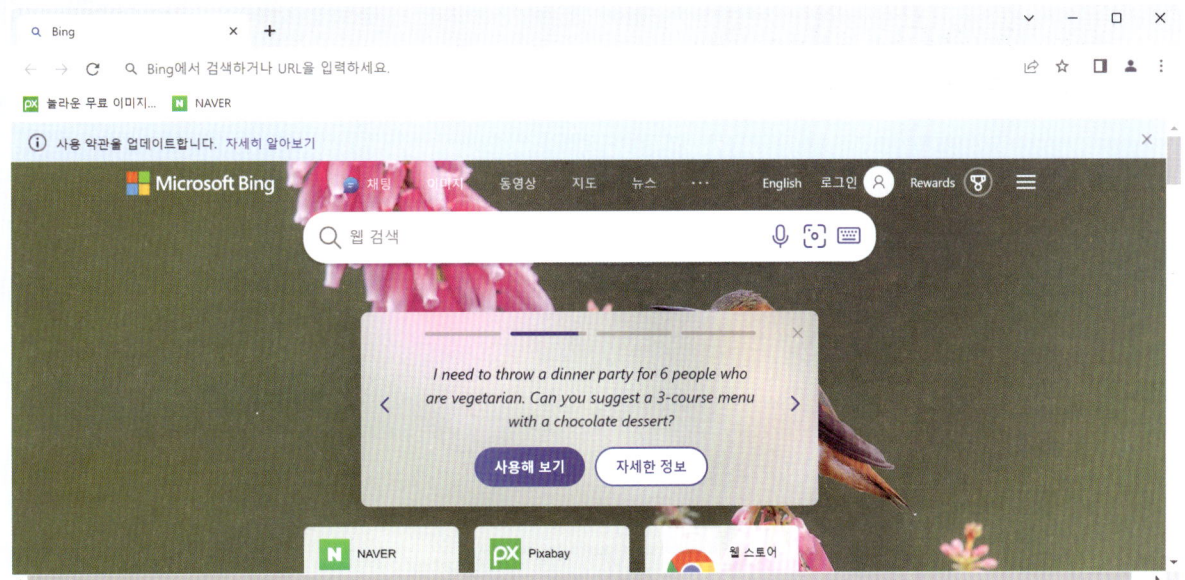

문제 02 '국립중앙박물관'을 북마크에 추가하고 북마크 패널로 확인합니다.

새 데스크톱 만들기

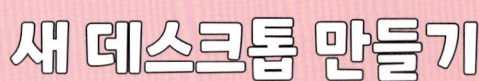

● 불러올 파일 : 없음   ● 완성된 파일 : 없음

학습목표

- 데스크톱 기능을 알고 이용할 수 있습니다.
- 새 데스크톱을 만들고 원하는 데스크톱으로 이동할 수 있습니다.

오늘 배울 기능 : 새 데스크톱 만들기

완성작품 미리보기

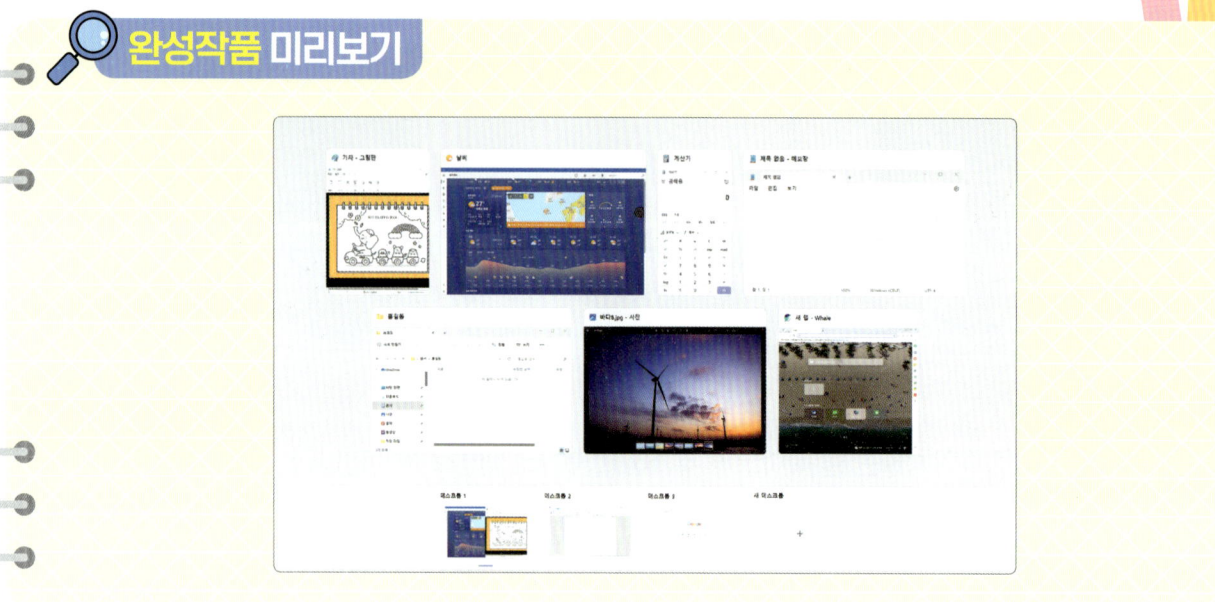

※ 윈도우 11 데스크톱 기능을 사용하면 컴퓨터 여러 대를 쓰는 것처럼 느낄 수 있습니다. 다중 작업을 할 때 여러 프로그램을 각각의 데스크톱에 나누어 실행해서 편리하게 작업할 수 있습니다.

01 데스크톱 생성하기

1. 작업표시줄에서 [작업 보기()] 아이콘을 클릭하여 현재 데스크톱과 열어놓은 앱과 파일을 확인합니다.

    ※ 크롬, 파일 탐색기, 메모장, 날씨 앱을 미리 열고 '작업 보기'를 실행합니다.

2. 새 데스크톱을 클릭하면 '데스크톱 2'가 생성됩니다.

 **Ctrl** + **Window** + **D** 키를 누르면 새로운 데스크톱이 만들어진 것을 확인할 수 있습니다.

02 가상 데스크톱 간에 앱 이동하기

1. 여러 개의 앱 중 '데스크톱 2'로 이동할 앱 위에서 마우스 오른쪽 단추를 눌러 [이동 위치]-[데스크톱 2]를 선택합니다.

2. 한글 프로그램이 [데스크탑 2]로 이동된 것을 확인할 수 있습니다.
   ※ 열어놓은 앱들을 이동시켜도 됩니다.

3. 새 데스크톱을 클릭하여 [데스크톱 3]을 생성합니다.

4. [데스크톱 1]의 크롬 브라우저에서 마우스 오른쪽 단추를 눌러 [이동 위치]-[데스크톱 3]을 선택합니다.

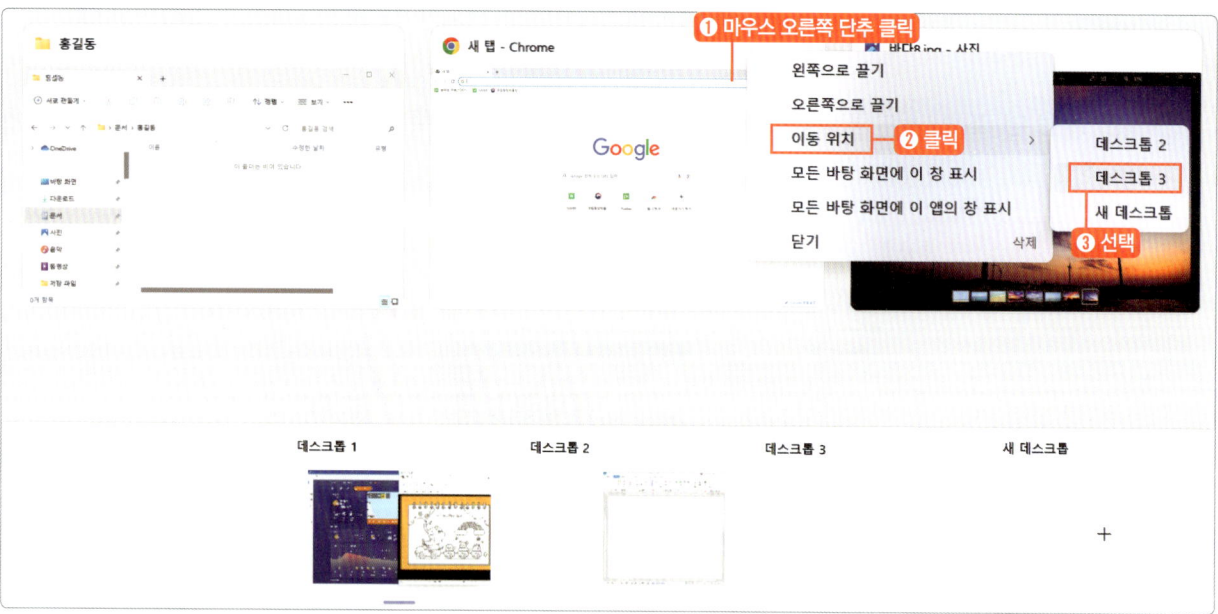

5. 크롬 브라우저가 [데스크톱 3]으로 이동한 것을 확인할 수 있습니다. 이어서, 새 데스크톱을 클릭하여 [데스크톱 4]를 생성합니다.

6. 작업표시줄의 [작업 보기] 아이콘을 클릭한 다음 실행 중인 [날씨] 앱을 [데스크톱 4]로 이동합니다.

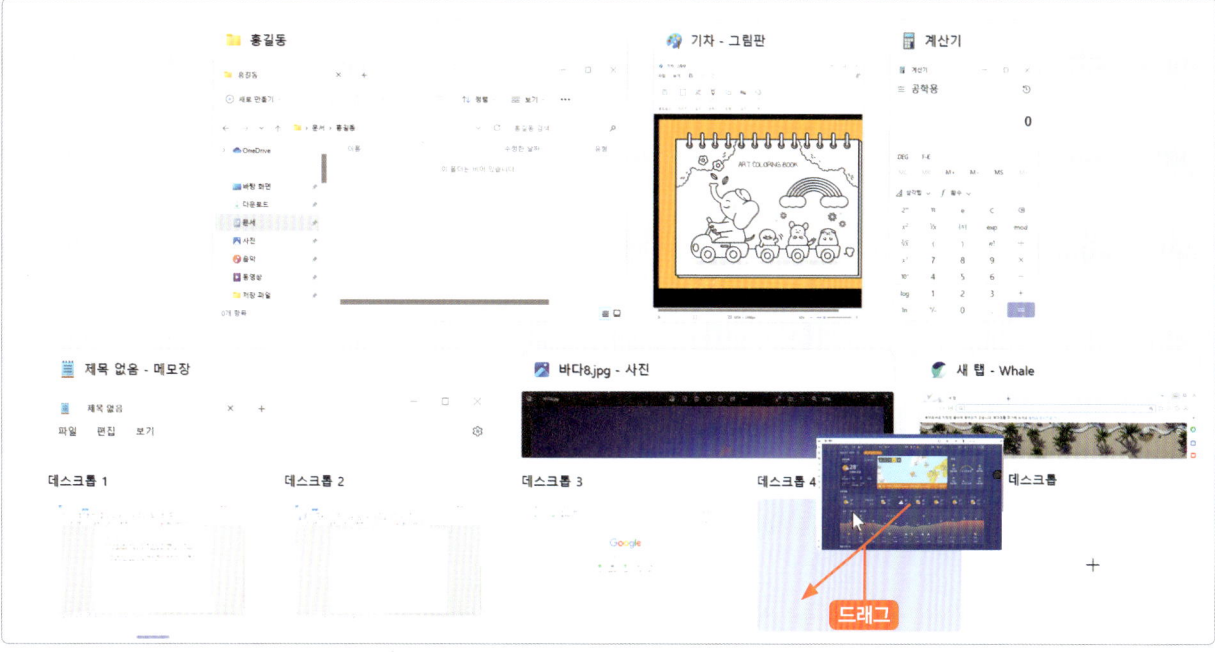

7. [날씨] 앱이 [데스크톱 4]로 이동된 것을 확인할 수 있습니다.

03 가상 데스크톱 간에 이동하기

1. 작업표시줄에서 [작업 보기( )] 아이콘을 클릭하면 사용 중인 가상 데스크톱이 모두 표시됩니다. 이동하고 싶은 가상 데스크톱을 클릭하면 해당 데스크톱으로 이동됩니다.

2. 데스크톱 이동 단축키는 [Ctrl] + [Window] 키를 누른 상태에서 ← 키 또는 → 키로 단축키를 눌러서 데스크톱을 편리하게 이동할 수도 있습니다.

04 가상 데스크톱 삭제하기

1. 작업표시줄에서 [작업 보기( )]를 클릭하여 사용 중인 가상 데스크톱 이름 오른쪽 위의 <닫기> 단추를 클릭하면 가상 데스크톱이 삭제됩니다.

2. 삭제한 데스크톱에 실행 중인 앱이 있는 경우 바로 앞 데스크톱으로 이동됩니다.

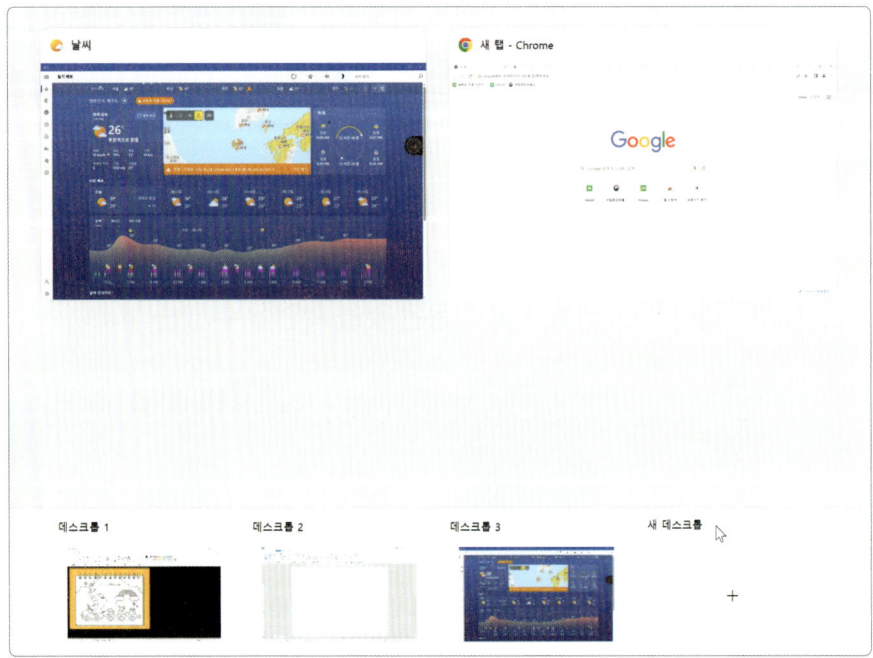

CHAPTER 19 연습문제

● 불러올 파일 : 없음   ● 완성된 파일 : 없음

문제 01 [새 데스크톱]을 이용하여 데스크톱 2를 만들어 봅니다.

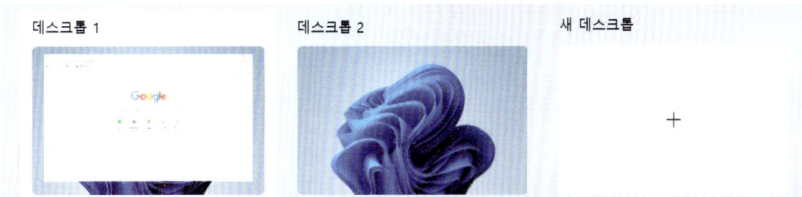

문제 02 새로 만든 데스크톱에서 메모장을 실행해 봅니다.

문제 03 [새 데스크톱]을 이용해 데스크톱 3을 만들고 크롬 브라우저를 실행합니다.

디지털 윤리

● 불러올 파일 : 없음   ● 완성된 파일 : 없음

● 컴퓨터를 사용하면서 지켜야 할 디지털 윤리에 대해서 알 수 있습니다.

오늘 배울 기능 : 디지털 윤리에 대해 알아보고 디지털 윤리를 체험해 봅니다.

완성작품 미리보기

01 윤리에 대해서 알아보기

1. 크롬을 실행하여 검색창에 '윤리 뜻'을 검색하여 윤리가 무엇인지 찾아봅니다.

2. '사이버 윤리 4가지'를 검색해 봅니다.

3. 검색 결과 사이버 윤리 4가지는 존중, 책임, 정의, 해악금지라는 것을 확인할 수 있습니다.
   - **존중** : 다른 사람을 나와 같이 생각하는 것
   - **책임** : 자신이 한 행동의 결과에 대해 책임질 수 있어야 하는 것
   - **정의** : 올바르고 공정하게 혜택이 돌아가는 것
   - **해악금지** : 남에게 폭력 등의 피해를 주어서는 안 되는 것

확인: 4가지 도덕적 원칙은 존중(respect), 책임(responsibility), 정 의(justice), 해악금지(non-maleficence)이다.

국립중앙도서관
https://www.nl.go.kr › onlineFileIdDownload PDF
정보화시대의 통신윤리

02 디지털 윤리가 필요한 이유

1. 인터넷 공간은 현실 세계와 달리 서로 누구인지 모르는 상태이고, 인터넷이 연결만 되어있다면 어디든지 접속할 수 있습니다. 서로를 알 수 없고 볼 수 없는 상태에서 익명성을 바탕으로 상대방을 비방하거나 허위 정보를 퍼트리기 쉽기 때문에 디지털 윤리를 지켜야 합니다.

2. 어떤 것이든지 빠른 속도로 전달이 될 수 있기 때문입니다. 장난으로 거짓 정보를 흘려도 전달에 전달을 이어 거짓이 사실로 걷잡을 수 없게 퍼지기 때문에 더욱 디지털 윤리를 지켜야 합니다.

03 디지털 윤리 체험하기

1. 구글에서 '디지털윤리'를 검색한 다음 '디지털윤리.kr' 사이트를 클릭하여 이동합니다.

2. '디지털윤리' 홈페이지 하단의 [바로가기]-[디지털윤리체험관]을 클릭 또는 상단의 [디지터윤리체험관]을 클릭한 후, [사이버 체험관]을 클릭합니다.

3. 사이버체험관 하단의 <체험하기> 단추를 클릭합니다.

4. 원하는 웰리의 색깔을 선택한 다음 <입장하기> 단추를 클릭합니다. 입장 후, 화면을 마우스로 오른쪽으로 드래그를 하면 '러닝웰리'가 보이면 <러닝웰리> 단추를 클릭합니다.

※ 마우스를 왼쪽으로 드래그해서 원하는 웰리의 색깔을 선택합니다.

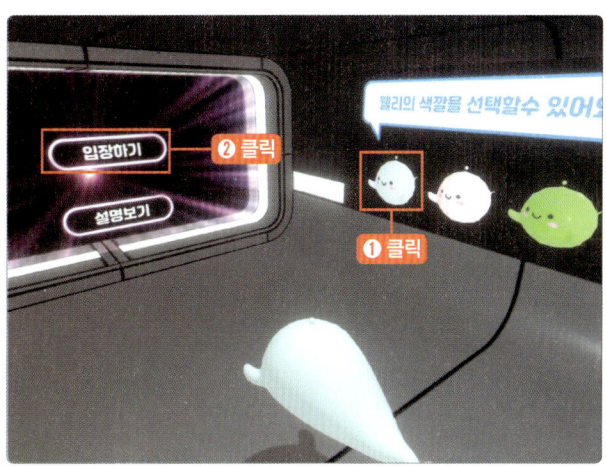 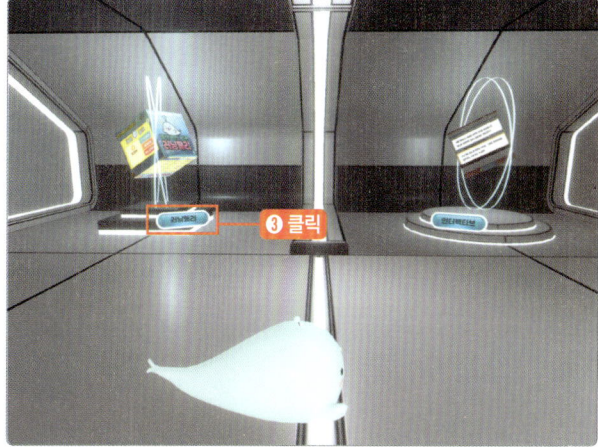

5. 주황색 <체험하기> 단추를 클릭합니다.

※ '러닝웰리'는 러닝 액션 게임으로 바다 쓰레기인 부정적인 단어는 피하거나 공기 방울로 청소를 하며 긍정적인 방패 말을 먹어서 점수를 획득하는 콘텐츠입니다.

사용 방법

- 이동 : 키보드 상·하 방향키
- 비눗방울 쏘기 : 스페이스바

6. '러닝웰리'를 종료한 다음 마우스를 오른쪽으로 드래그해서 파란색 <슈터 웰리> 단추를 클릭합니다.

    ※ '슈터웰리'는 퍼즐 게임으로 색이 다른 선플 구슬을 세 개 이상 붙이고, 악플 구슬은 선플 구슬로 없애주는 콘텐츠입니다.

    사용 방법
    - 화살표 방향 조절 : 키보드 좌·우 방향키
    - 비눗방울 쏘기 : 스페이스바

  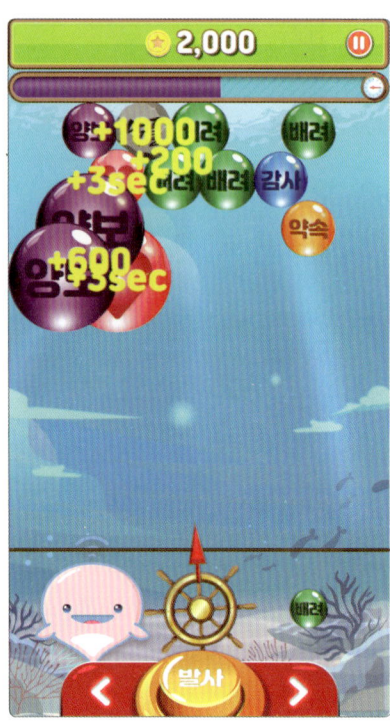

7. 마우스를 왼쪽으로 드래그해서 파란색 <인터렉티브> 단추를 클릭합니다.

    ※ '두리가 인터넷 친구를 사귀어요'는 사이버 공간에서의 친구에 대한 올바른 개념을 인지하고 위험에 노출되지 않도록 주의점을 생각하고 판단할 힘을 기를 수 있는 콘텐츠입니다.

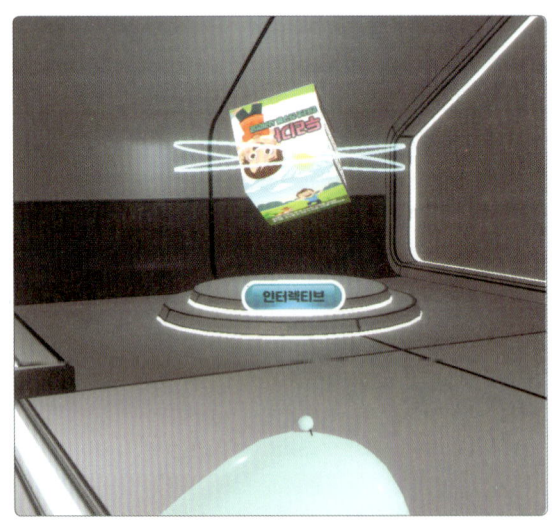 

CHAPTER 20 연습문제

●불러올 파일 : 없음 ●완성된 파일 : 20장 연습하기(완성).txt

문제 01 윤리란 무엇을 의미하는지 맞는 번호를 선택해 봅니다.

① 다른 사람에게 인사를 하는 행동
② 예로부터 되풀이되어 온 행동의 유형
③ 사람으로서 마땅히 행하거나 지켜야 할 도리
④ 존경의 뜻을 표현하는 것

문제 02 사이버 윤리 4가지를 다음 보기에 동그라미 표시를 합니다.

| 인사 | 도덕 | 해악금지 | 질서 |

| 존중 | 예절 | 책임 | 정의 |

문제 03 사이버 윤리 체험관에 접속하여 다양한 콘텐츠를 체험해 봅니다.

(https://디지털윤리.kr/game/playainse)

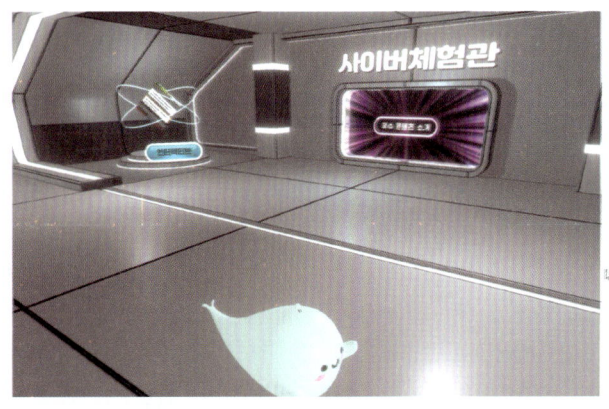

인공지능 사이트 체험하기 1

● 불러올 파일 : 없음   ● 완성된 파일 : 없음

학습목표

- 바다를 위한 AI(인공지능)에 접속하여 학습을 진행합니다.
- 바다환경을 위한 정보와 환경 오염에 관한 정보를 익힐 수 있습니다.

오늘 배울 기능 : AI(인공지능) 학습시키기

🔍 완성작품 미리보기

01 바다환경을 위한 AI

1. 크롬에서 '바다환경을 위한 AI'를 검색한 다음 'AI for Oceans'를 클릭합니다. 이어서, 사이트에 접속한 다음 <지금 해보기> 단추를 클릭합니다.

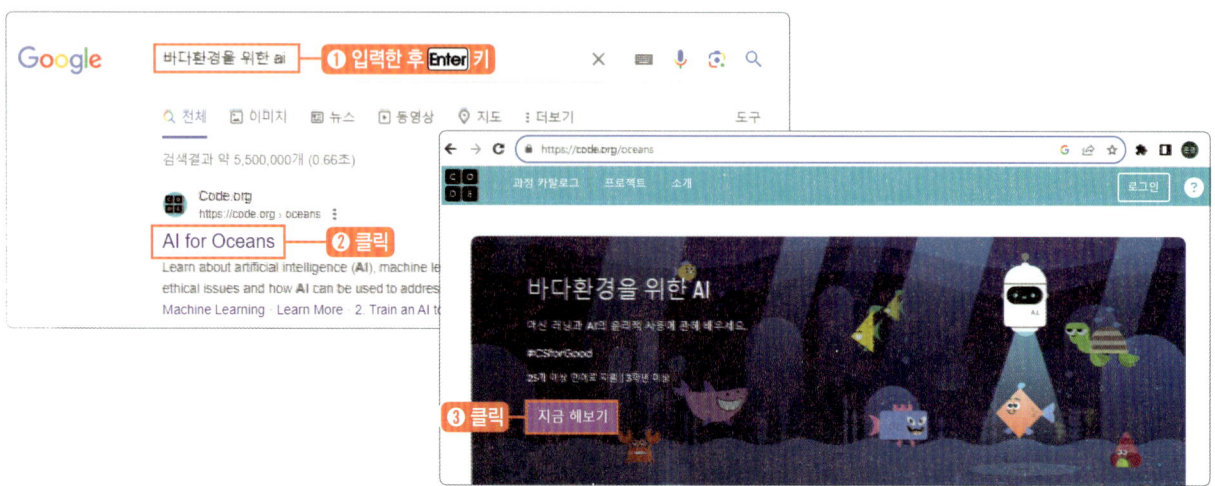

2. 설명을 읽고 마우스를 클릭합니다. 마우스를 클릭하면 설명이 이어집니다.

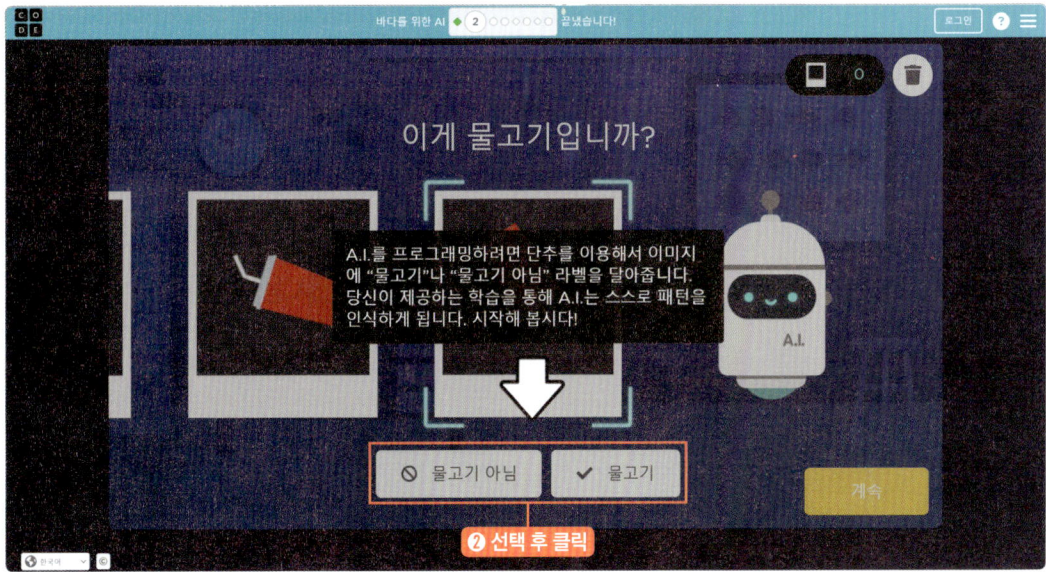

3. 질문에 대한 답을 클릭할 때 마다 AI를 학습시킵니다. 물고기와 쓰레기를 구분해서 클릭해 줍니다.

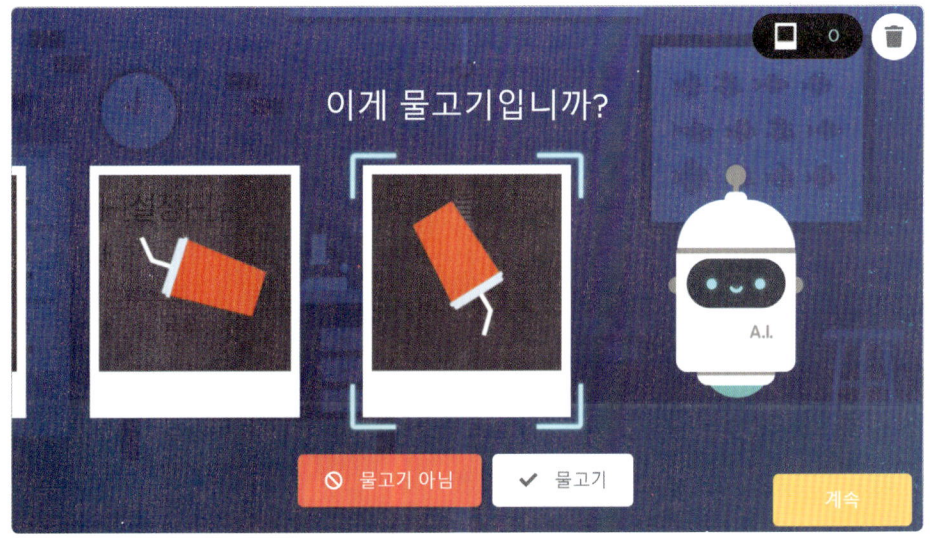

4. 바다를 위한 AI에서는 환경과 관련된 정보를 제공합니다. 바다 환경 오염에 대한 정보를 학습할 수 있습니다.

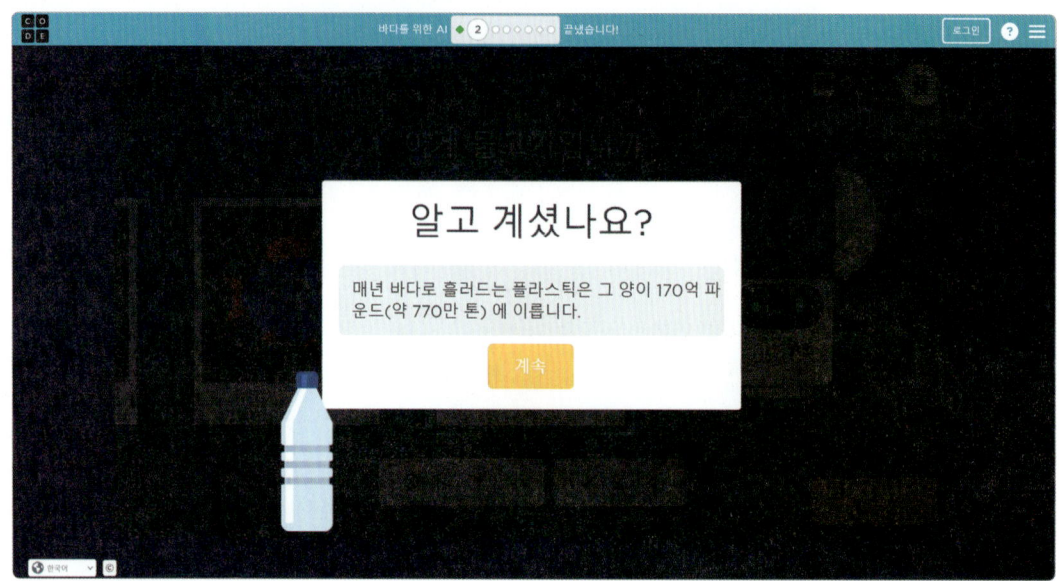

5. 물고기 이미지를 질문하면 물고기를 클릭합니다.

6. 학습 숫자가 많을수록 AI의 물고기를 알아보는 능력이 높아집니다.

7. 학습이 완료되면 계속을 클릭합니다.

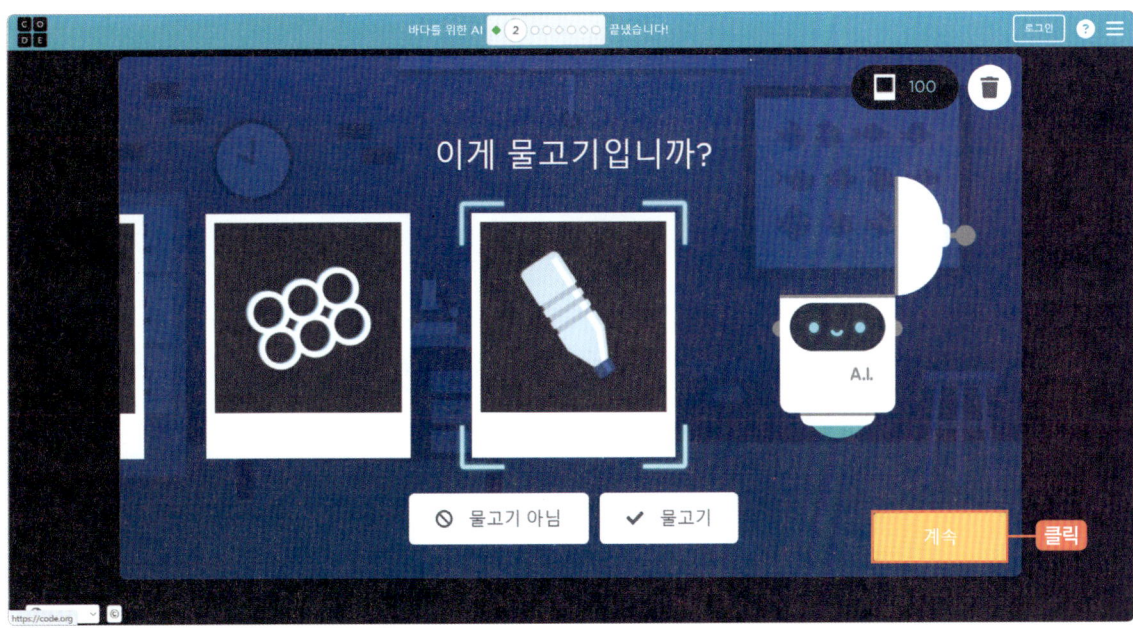

8. [실행]을 클릭하면 AI가 학습을 시작합니다.

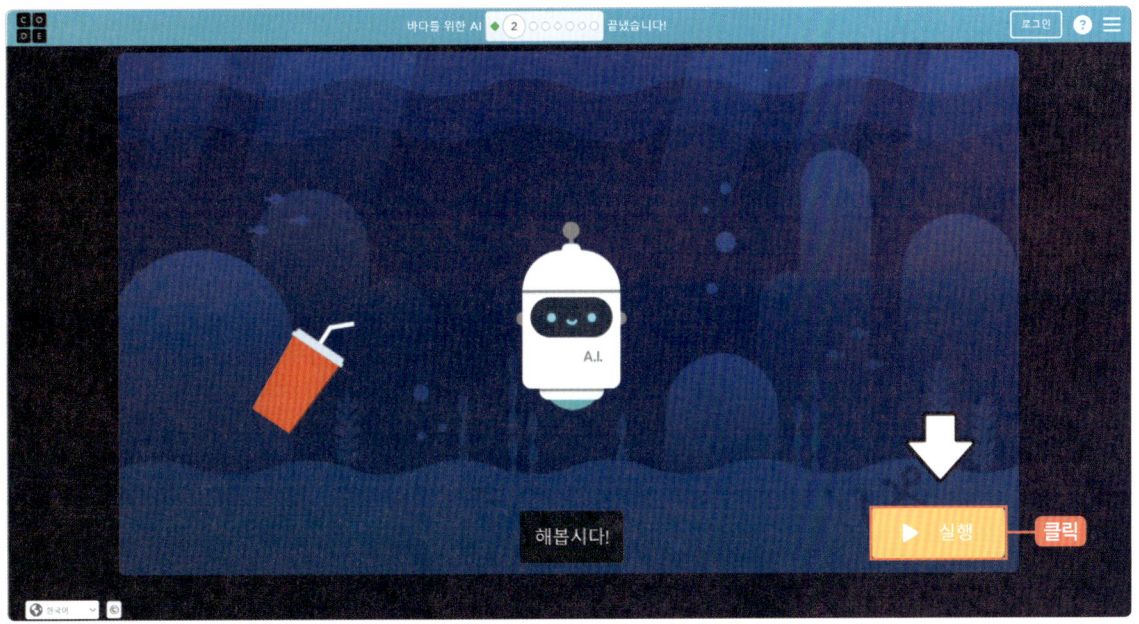

9. AI가 물고기와 쓰레기를 잘 구분하는지 확인합니다.

 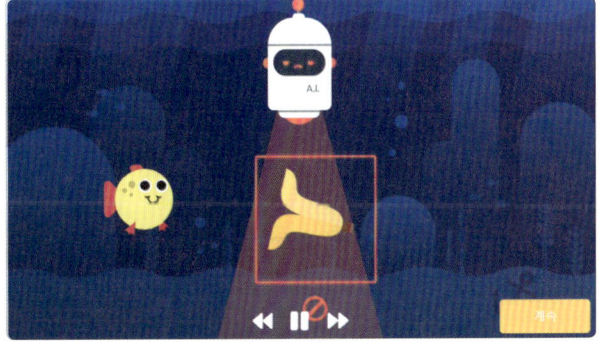

10. AI가 학습을 완료했다면 [계속]을 클릭합니다.

　※ 만약, 물고기와 쓰레기를 구분하지 못했다면 [학습 더 하기]를 클릭하여 학습을 다시 시작합니다.

11. 새로운 해양 생물도 학습을 시키도록 다음 단계를 진행합니다.

12. 같은 방법으로 AI를 계속 학습시켜 봅니다.

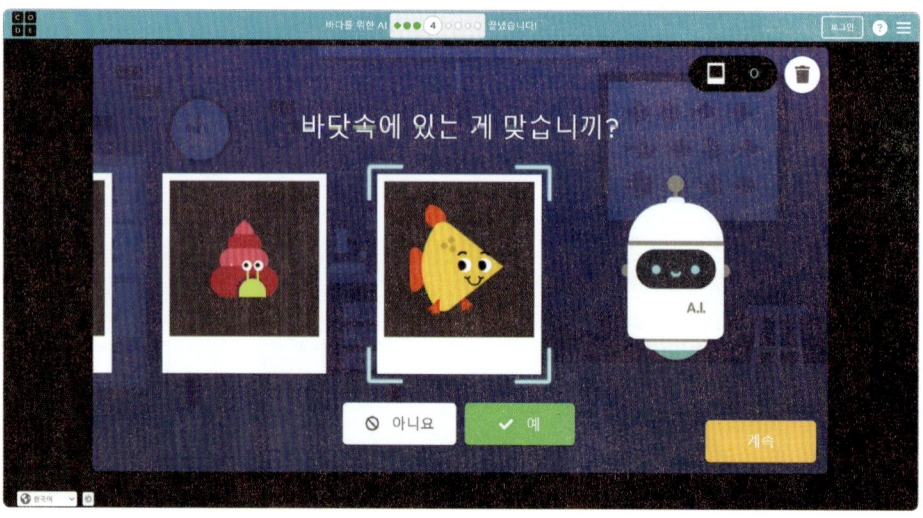

CHAPTER 21 연습문제

● 불러올 파일 : 없음   ● 완성된 파일 : 21장 연습하기(완성).txt

문제 01 머신러닝과 딥러닝에 대해 인터넷에서 조사해 봅니다.

▶ 네이버에서 '머신러닝'을 검색해 봅니다.

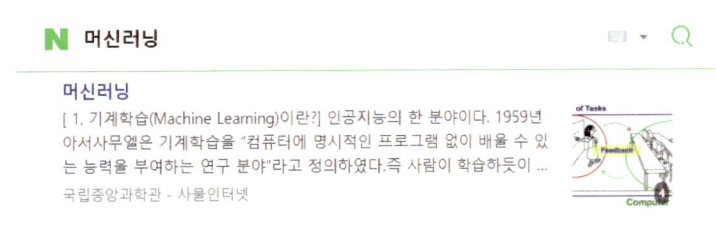

▶ 네이버에서 '딥러닝'을 검색해 봅니다.

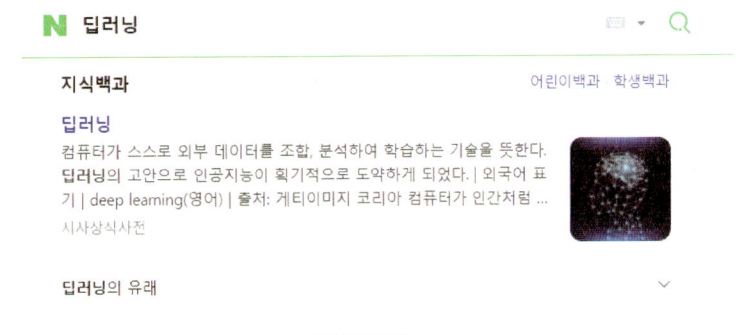

문제 02 네이버에서 '바다 환경 지키기'를 검색한 다음 바다 환경을 지키는 방법을 알아봅니다.

인공지능 사이트 체험하기 2

● 불러올 파일 : 없음   ● 완성된 파일 : 오토드로우(완성).png

학습목표

- 인공지능 사이트에 접속하여 인공지능을 체험해 봅니다.
- 내가 그린 그림을 바탕으로 추천한 아이콘을 선택하고 색칠해 봅니다.

오늘 배울 기능 : **오토드로우로 그림 그리기**

🔍 **완성작품 미리보기**

01 오토드로우 환경을 이해하고 아이콘 만들기

※ 오토드로우는 구글에서 개발한 인공지능 그림 그리기 프로그램으로 사용자가 그림을 그리면 AI가 정답을 유추해 아이콘을 자동으로 생성해 줍니다.

1. 크롬을 실행하고 오토드로우 사이트에 접속한 다음 <Start Drawing> 단추를 클릭합니다.

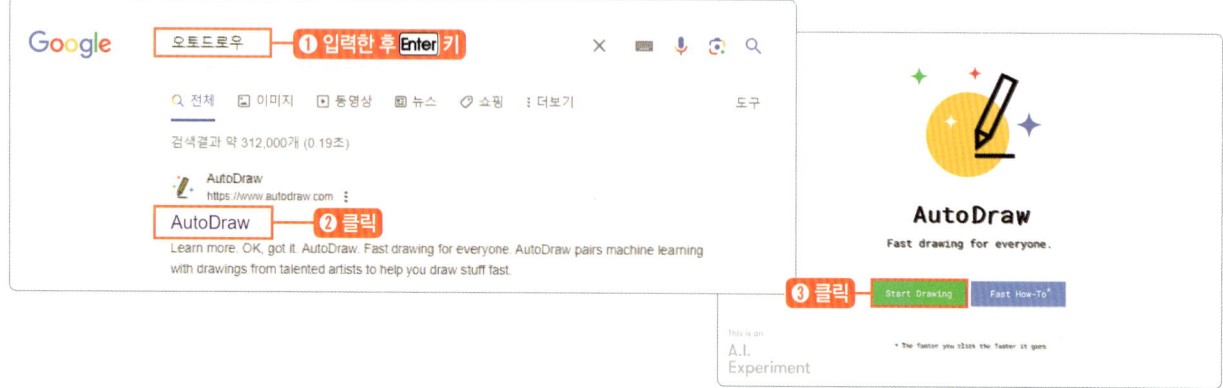

2. 오토드로우 아이콘( )을 클릭한 다음 캔버스에 마우스로 드래그하여 그림을 그립니다.

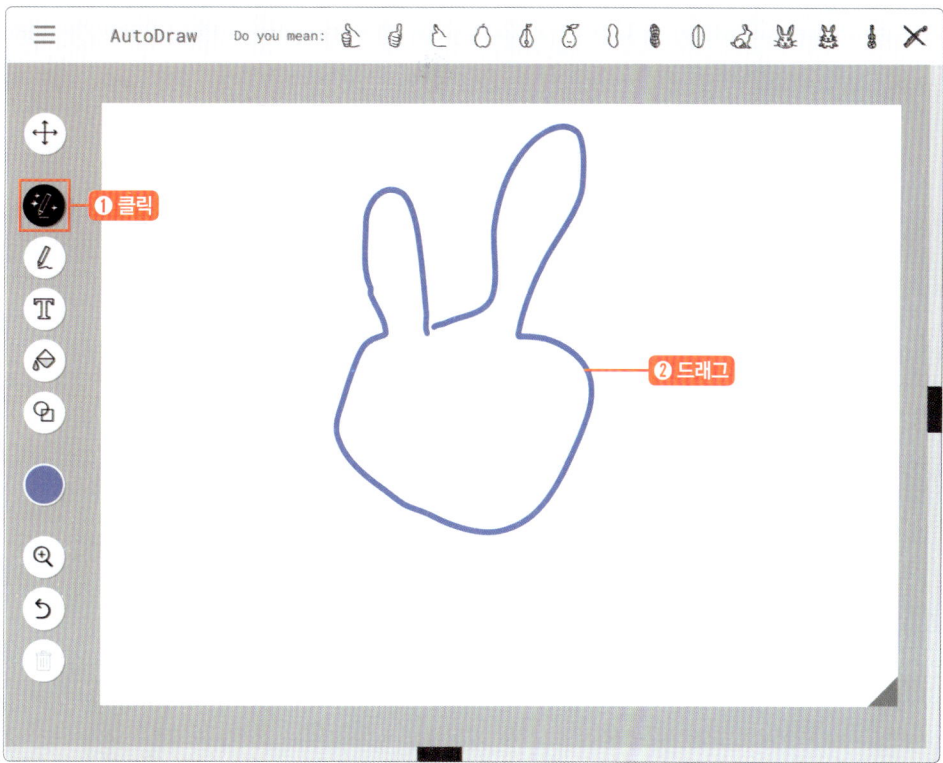

3. 그림을 그리면 화면 위쪽에 AI가 판단하여 추천하는 아이콘이 생성됩니다.

4. 그렸던 그림과 비슷하다고 생각하는 아이콘을 클릭합니다.

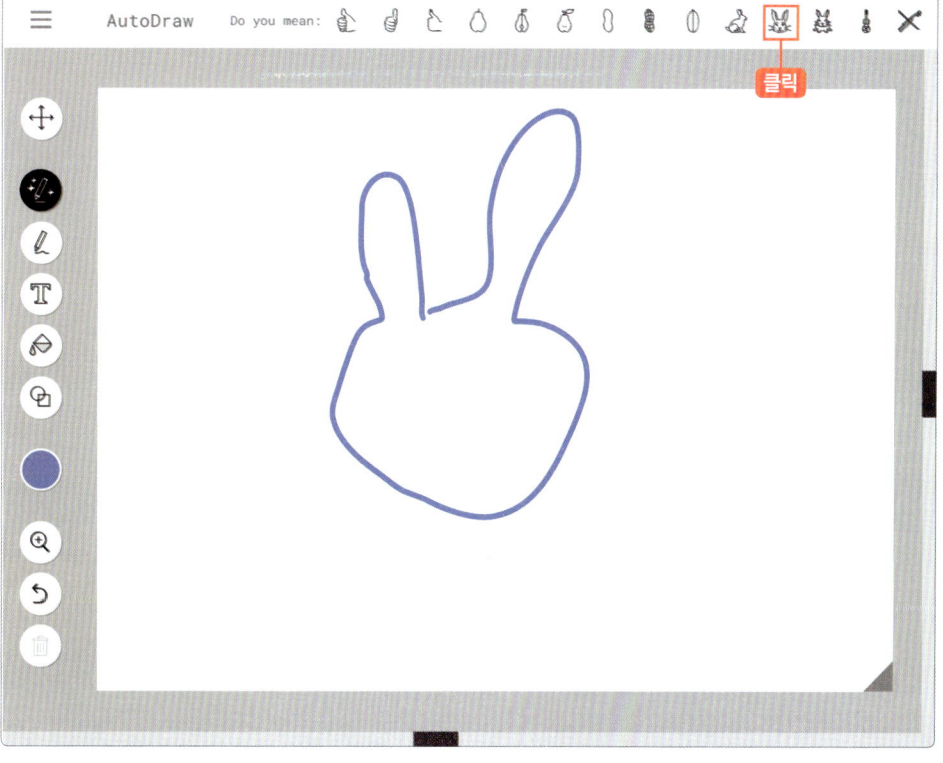

※ 색상 아이콘은 5가지 테마로 구성되어 있으며 한 테마에 8가지 색상으로 총 40가지 색상을 선택할 수 있습니다.

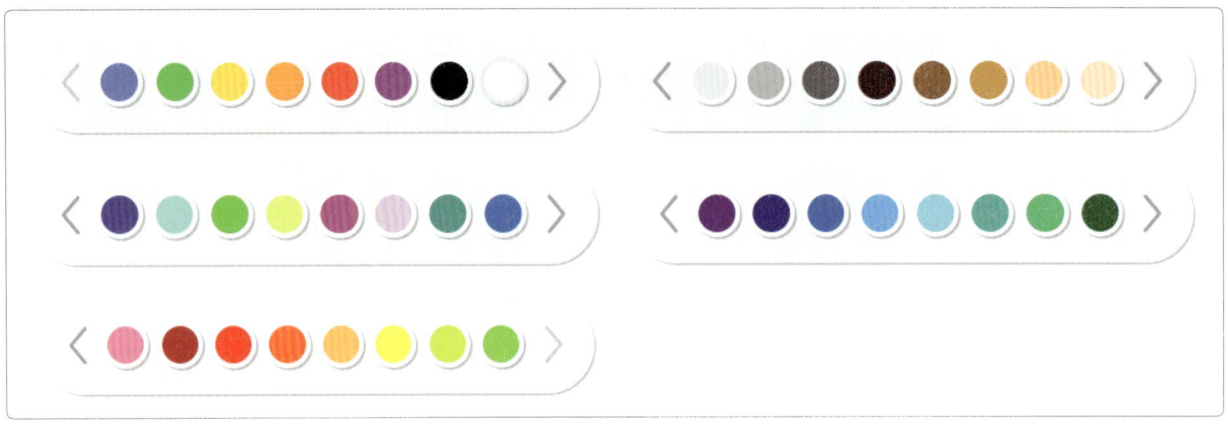

5. 원하는 색상을 선택한 다음 페인트 통을 클릭하여 토끼를 색칠해 봅니다.

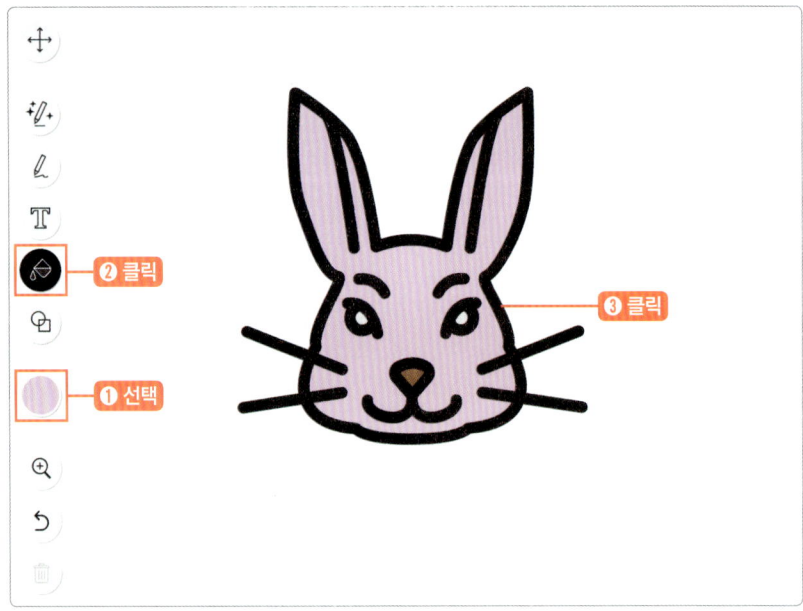

6. Select 아이콘( )을 클릭하고 드래그하면 드래그한 부분이 선택되고 이동 또는 크기를 조절할 수 있습니다.

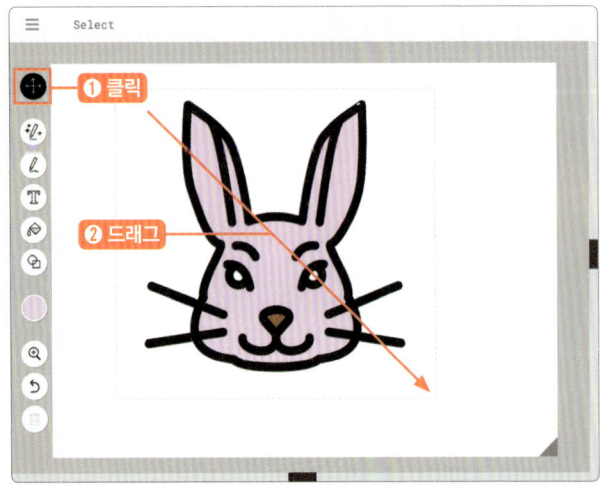 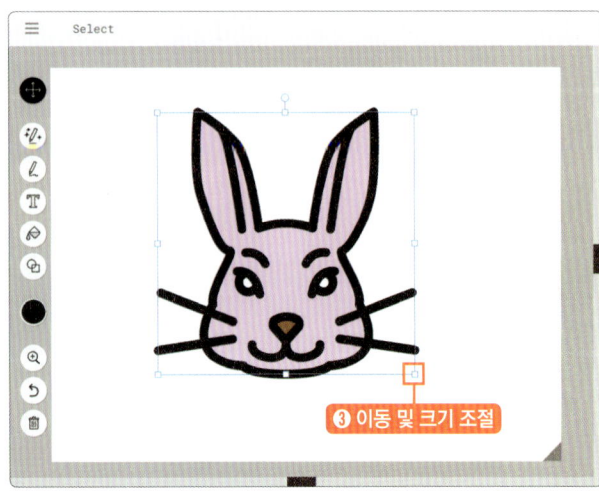

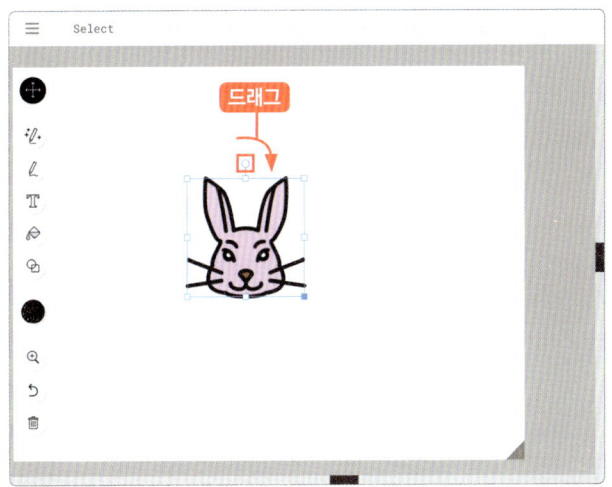
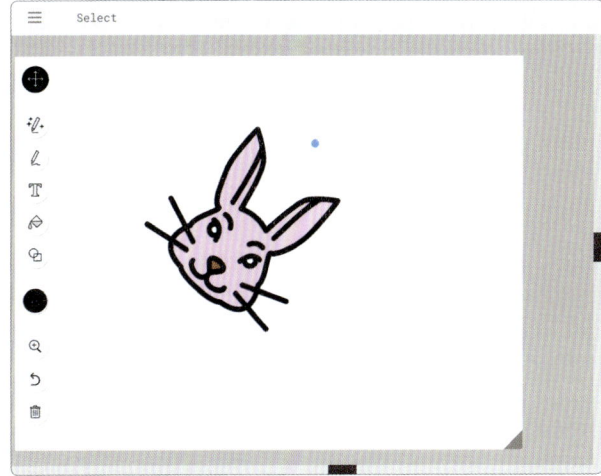

7. 드로우 아이콘( )을 선택하고 드래그하면 거친 부분을 부드럽게 변경해 주어 그림을 조금 더 편하게 그릴 수 있습니다. 위쪽 메뉴의 [Draw] 슬라이더를 조절하여 굵기를 변경할 수 있습니다.

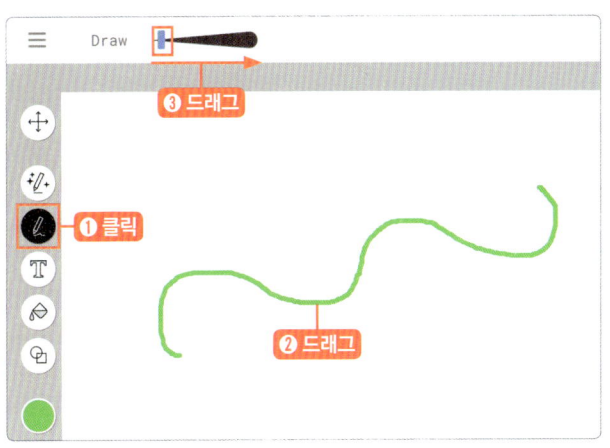
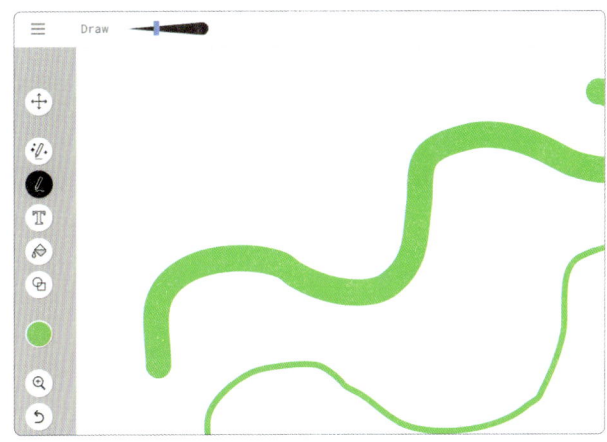

8. Type 아이콘( )을 선택하고 클릭하면 텍스트를 입력할 수 있습니다.

CHAPTER 22 인공지능 사이트 체험하기 2 • 139

9. Shape 아이콘( )을 클릭하면 '원, 삼각형, 사각형' 도형을 그릴 수 있습니다.

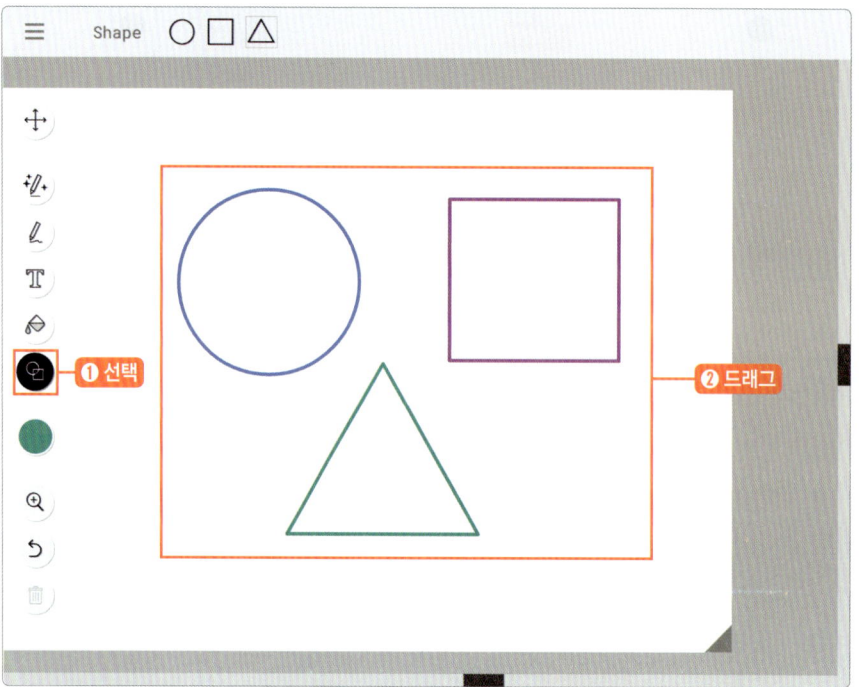

10. [Zoom 아이콘( )]은 확대해서 작업이 가능하며 '100%, 150%, 200%, 250%, 300%' 까지 확대 가능합니다.

11. Undo 아이콘( )은 바로 이전 작업을 취소해 주는 기능입니다.

12. Delete 아이콘( )은 선택한 개체를 삭제할 수 있습니다.

13. 설정 아이콘( )을 클릭하면 페이지 모양과 저장, 공유 등을 설정할 수 있습니다.

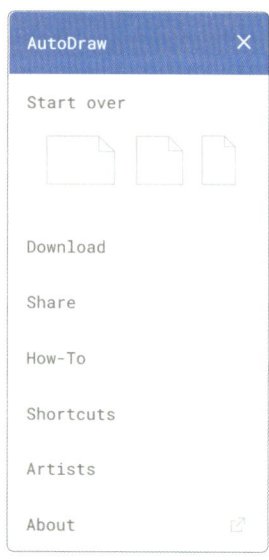

22 연습문제

● 불러올 파일 : 없음   ● 완성된 파일 : 22장 연습하기(완성).png

문제 01 '오토드로우' 사이트에서 '오토드로우' 아이콘으로 그림을 그리고 AI가 추천한 아이콘을 선택해 색을 칠하여 완성합니다.

문제 02 '오토드로우'에서 자유롭게 그림을 그려본 다음 색을 칠해 봅니다.

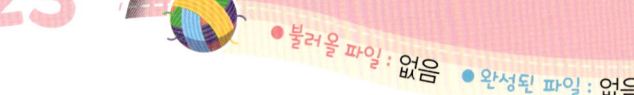

● 불러올 파일 : 없음   ● 완성된 파일 : 없음

학습목표

- 인공지능 사이트에 접속하여 인공지능을 체험해 봅니다.
- 인공지능 컴퓨터와 그림 맞추기 게임을 진행합니다.

오늘 배울 기능 : 퀵드로우를 통해 머신 러닝 기술을 이해하기

완성작품 미리보기

01 퀵드로우

※ 퀵드로우는 구글에서 개발한 머신 러닝 기반의 낙서 인식 게임입니다. 컴퓨터가 제시하는 단어를 그림으로 그려 게임을 진행해 봅니다.

1. 크롬을 실행하고 퀵드로우 사이트에 접속한 다음 <시작하기> 단추를 클릭합니다.

2. 문제를 확인하고 <알겠어요> 단추를 클릭합니다.

※ 텍스트를 내용을 보고 20초 이내에 그림을 그려야 합니다.

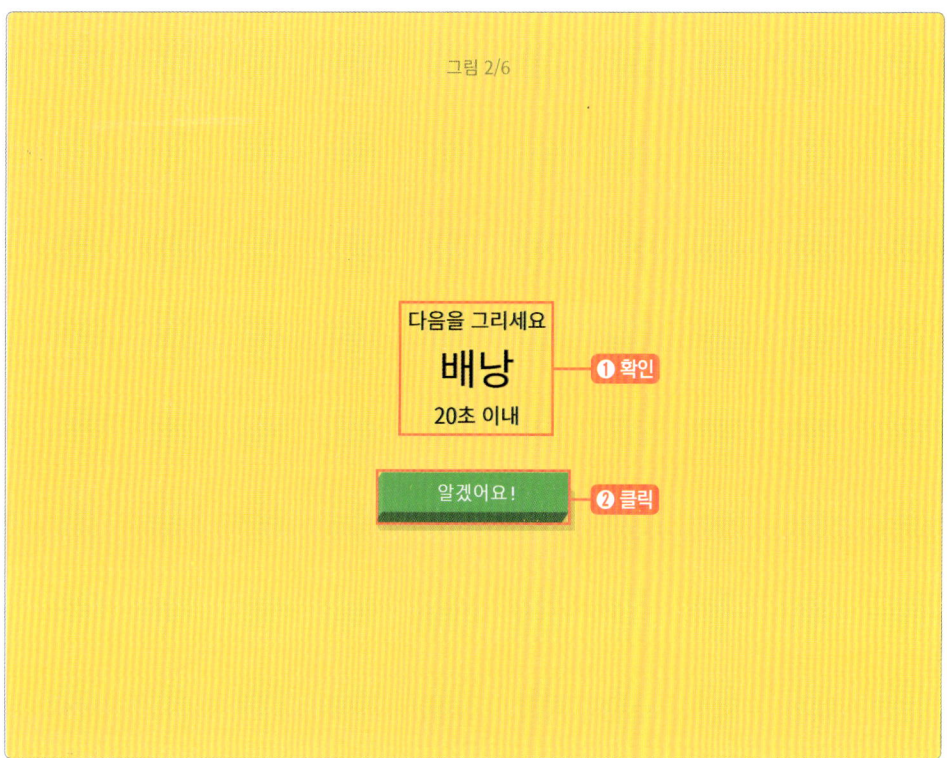

3. 배낭을 생각하고 그리다 보면 AI가 맞추게 되고, 정답이면 다음 문제로 넘어갑니다.

4. 만약 20초 안에 그리지 못하면 다음 문제로 넘어갑니다.

5. 색상 아이콘은 5가지 테마로 구성되어 있으며 한 테마에 8가지 색상으로 총 40가지 색상을 선택할 수 있습니다.

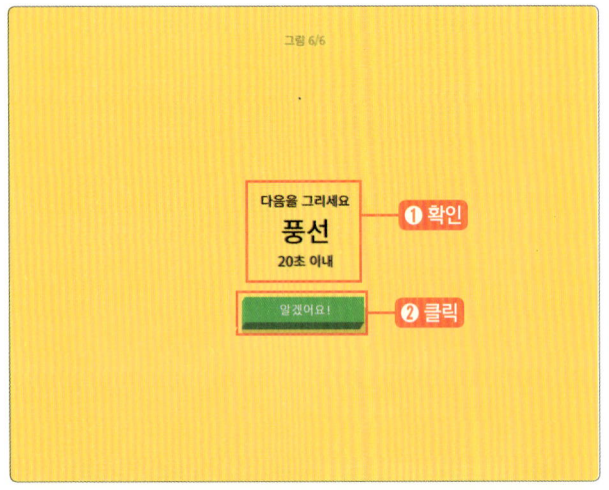
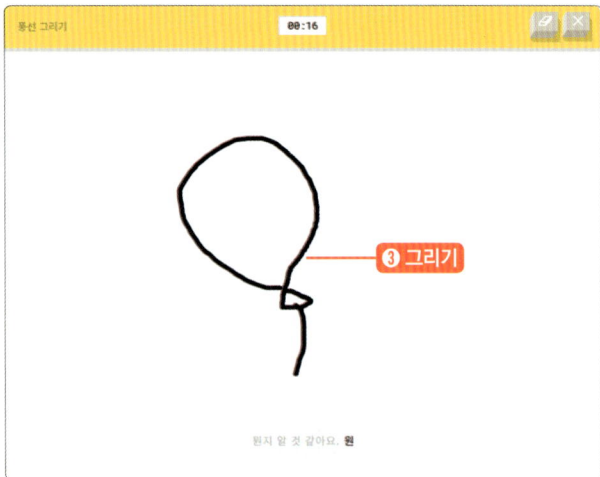
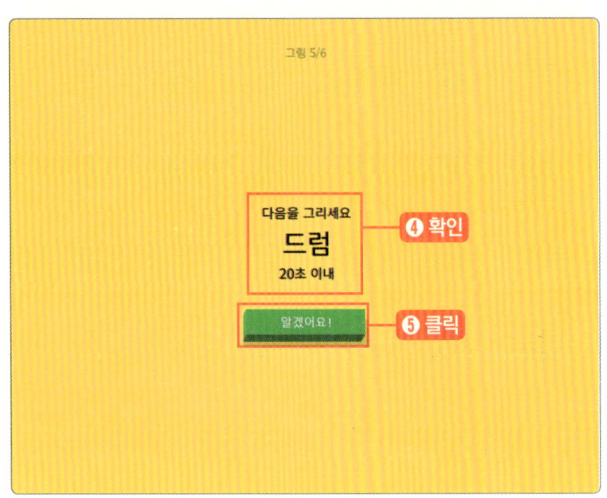

6. 문제가 종료되면 결과가 나타납니다.

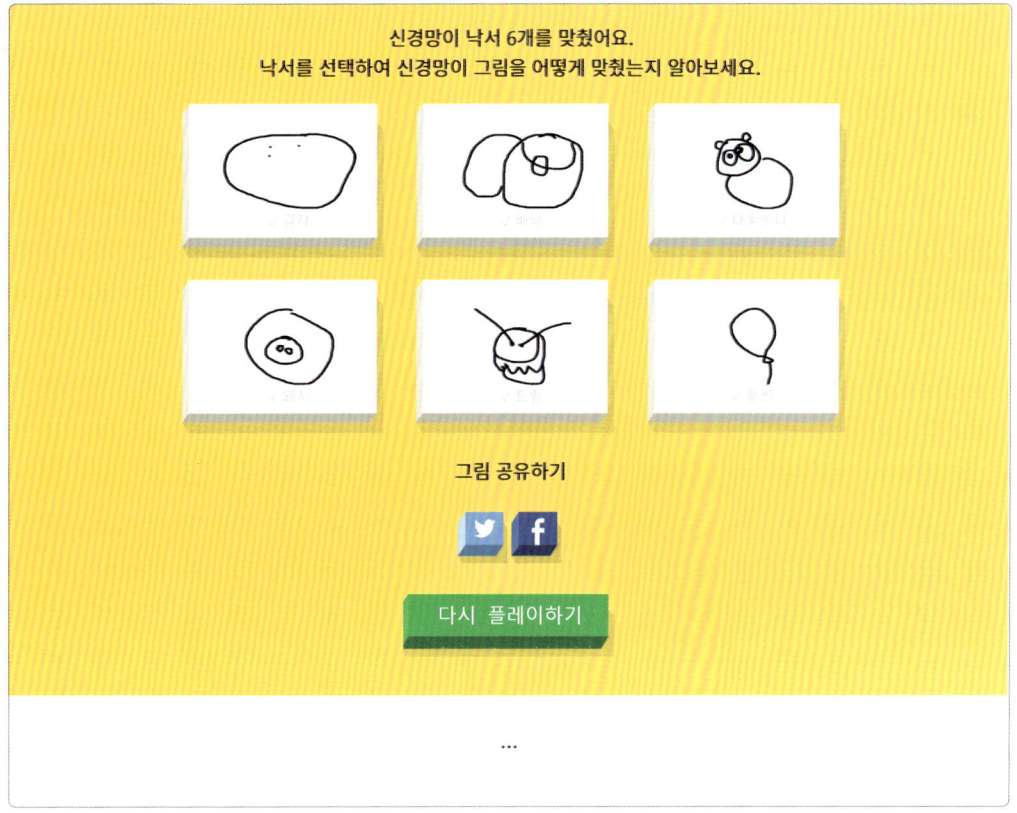

7. 각각 그림을 클릭하면 신경망이 그림을 어떻게 맞췄는지 결과를 알려줍니다.

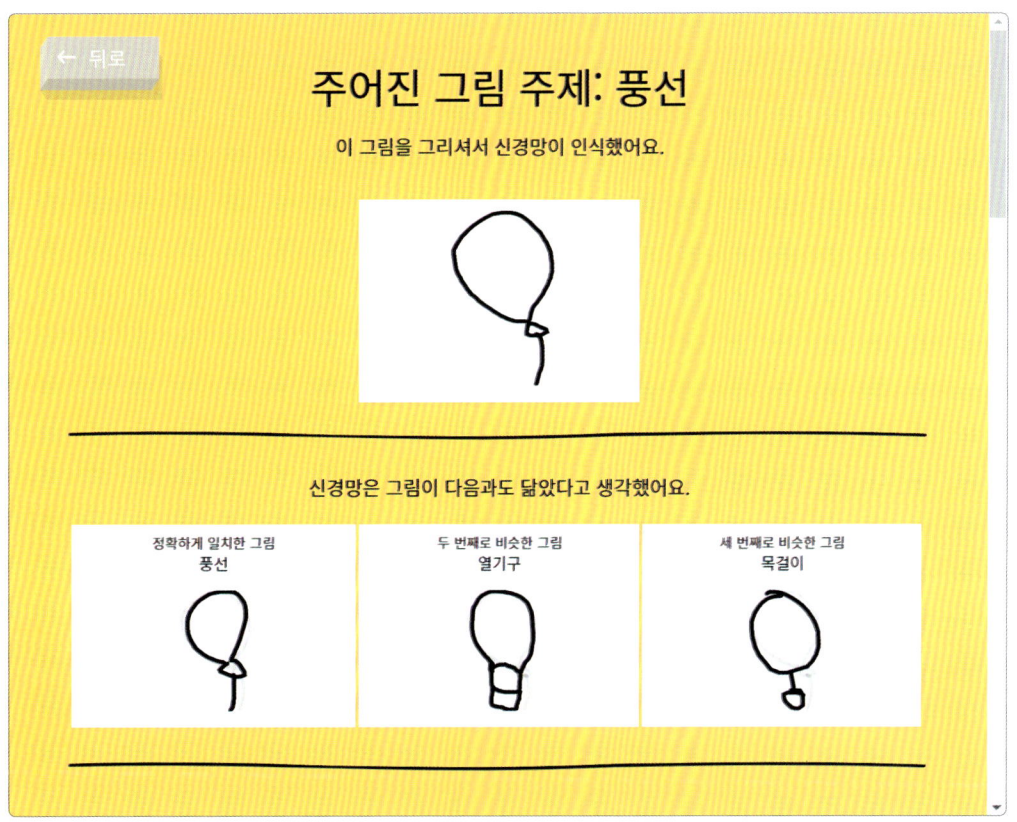

※ 신경망은 인간의 두뇌에서 영감을 얻은 방식으로 데이터를 처리하도록 컴퓨터를 가르치는 인공지능 방식으로 딥 러닝이라고 부르는 기계 학습 과정의 유형입니다. 퀵드로우는 학습된 다양한 결과와 비교하여 정답을 유추하게 됩니다.

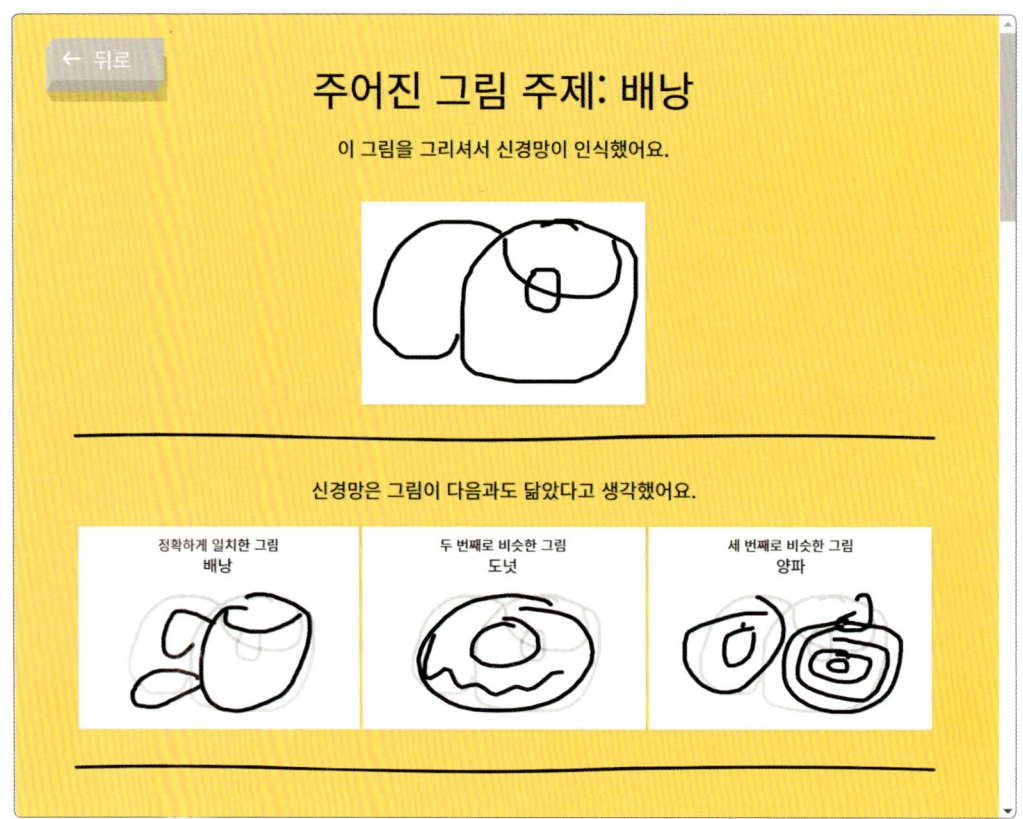

23 연습문제

●불러올 파일 : 없음   ●완성된 파일 : 없음

문제 01 퀵드로우에서 친구들과 하나씩 번갈아 가며 그리기 게임을 진행해 봅니다.

인공지능 사이트 체험하기 4

● 불러올 파일 : 없음   ● 완성된 파일 : 없음

- 인공지능 사이트에 접속하여 인공지능을 체험해 봅니다.
- 티처블머신을 이해하고 이미지를 이용하여 학습을 시켜봅니다.

오늘 배울 기능 : 티처블머신을 통해 머신 러닝 기술을 이해하기

완성작품 미리보기

01 티처블머신에서 이미지로 머신러닝 모델 만들기

1. 크롬을 실행하고 '티처블 머신' 사이트로 이동한 다음 <시작하기> 단추를 클릭합니다.

   ※ 사이트 주소 : https://teachablemachine.withgoogle.com

2. 새 프로젝트에서 [이미지 프로젝트]를 클릭합니다.

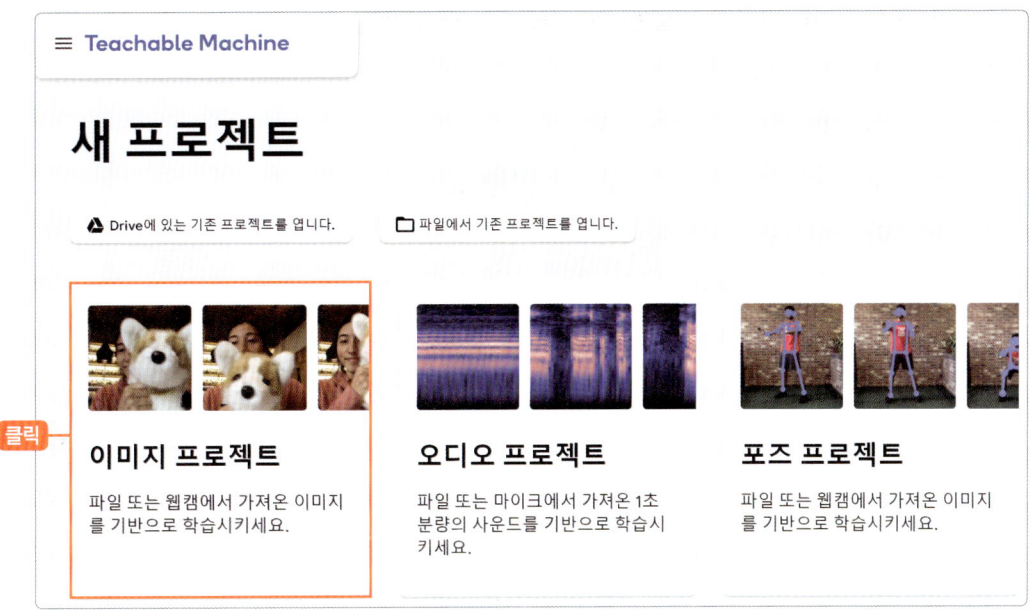

3. [표준 이미지 모델]을 클릭합니다.

4. Class 1을 '사과'로 입력한 다음 [업로드]를 클릭합니다.

5. '파일에서 이미지를 선택하거나 여기로 드래그 앤 드롭하세요.'를 클릭한 다음 [불러올 파일]-[CHAPTER 24] 폴더의 사과 사진을 Ctrl 키를 눌러 모두 선택한 다음 <열기>단추를 클릭합니다.

6. Class2를 '배'로 이름을 변경한 다음 [업로드]를 클릭합니다.

7. '파일에서 이미지를 선택하거나 여기로 드래그 앤 드롭하세요.'를 클릭하고 [불러올 파일]-[CHAPTER 24] 폴더의 배 사진을 Ctrl 키를 눌러 모두 선택한 다음 <열기>단추를 클릭합니다.

8. [학습]-[모델 학습 시키기]를 클릭합니다.
   ※ 이미지 샘플 수에 따라 학습 속도가 결정되며 학습이 완료되면 '모델 학습 완료됨'으로 변경됩니다.

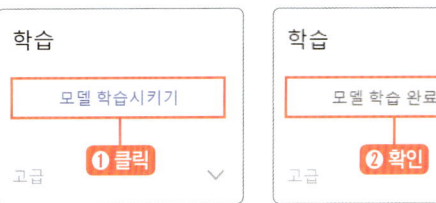

9. 업로드한 사진으로 모델 학습이 완료되면 '미리보기' 창이 활성화됩니다.

10. 미리보기 입력을 [파일]로 변경해 줍니다.

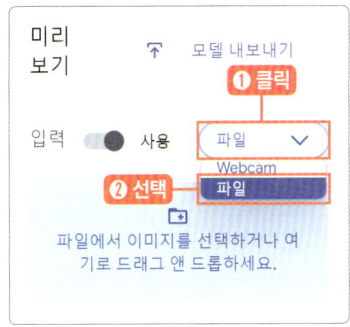

11. '파일에서 이미지를 선택하거나 여기로 드래그 앤 드롭하세요.'를 클릭한 후, 학습에 사용하지 않은 이미지를 업로드합니다.

    ※ [불러올 파일]-[CHAPTER 24]-'확인용이미지.jpg'

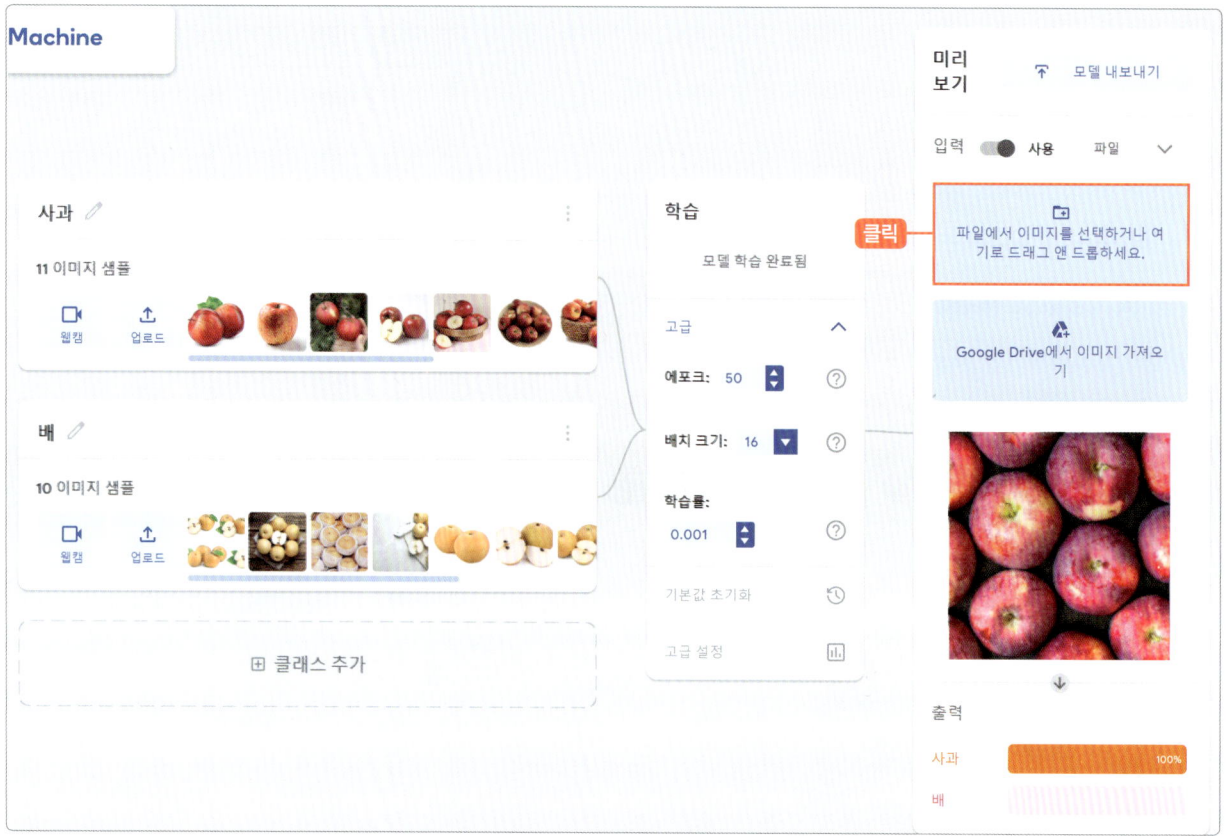

12. 업로드한 이미지가 '사과'라고 인식하고 출력하는 것을 확인할 수 있습니다.

CHAPTER 24 연습문제

●불러올 파일 : 없음　●완성된 파일 : 없음

문제 01　인터넷에서 '강아지' 와 '고양이'를 검색한 다음 각각 10개 이상의 이미지를 저장하고 티처블 머신을 학습 시켜봅니다.

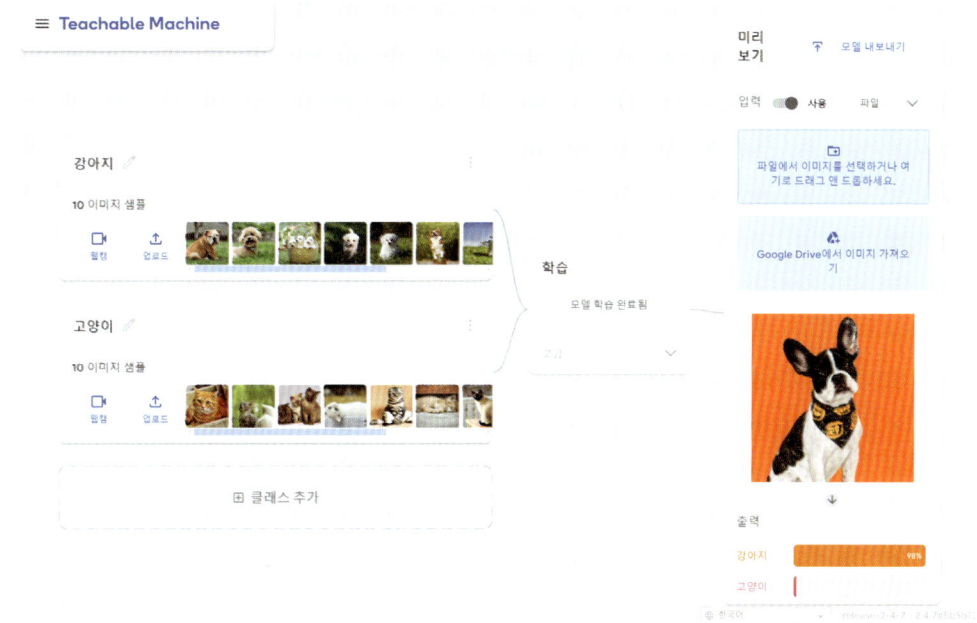

문제 02　인터넷에서 '산' 과 '바다'를 검색한 다음 각각 10개 이상의 이미지를 저장하고 티처블 머신을 학습 시켜봅니다.

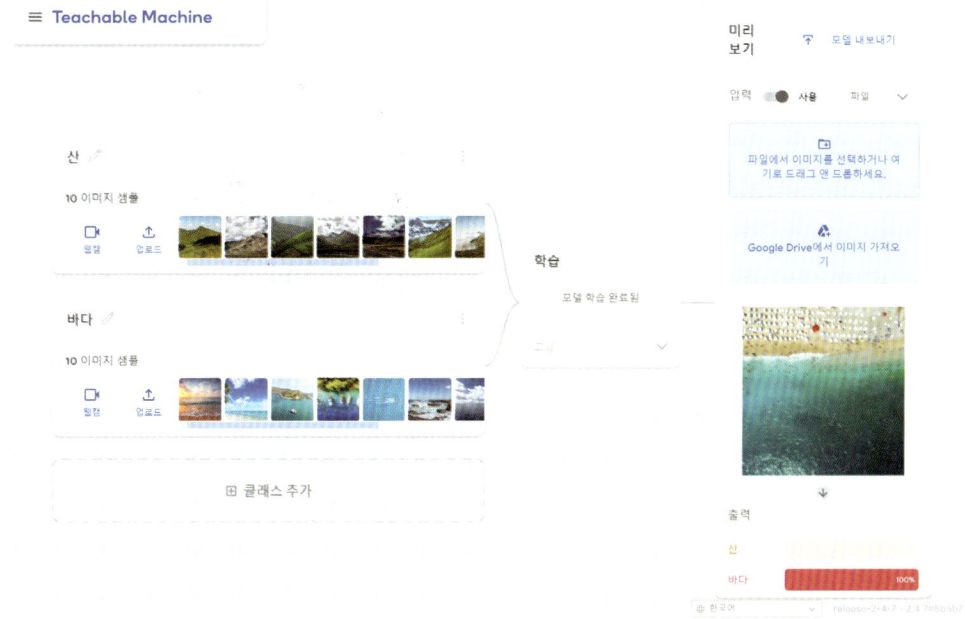

종합평가 연습문제

●불러올 파일 : 종합 02.jpg   ●완성된 파일 : 종합 01(완성).txt 종합 02(완성).jpg

문제 01 메모장을 실행하고 아래 이모지를 추가해 봅니다.

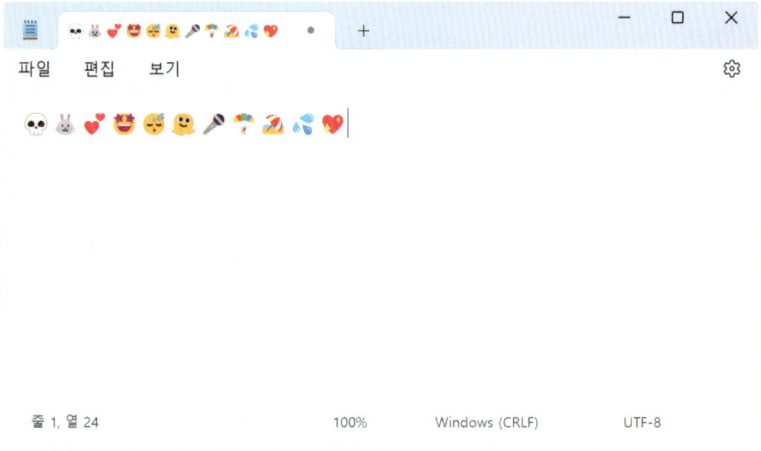

문제 02 작업표시줄의 [파일 탐색기]를 실행한 다음 [문서]-[불러올 파일]-[종합평가]-
'종합 02.jpg' 파일을 더블클릭한 다음 사집 앱에서 편집 후, 저장합니다.

 ▶

문제 03 크롬 브라우저를 실행하고 '디지털윤리', '국립국어원', '청와대', '엔트리' 사이트를 북마크 추가해 봅니다.

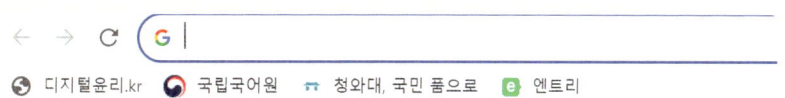

문제 04 새 데스크톱을 4개 만들고 [데스크톱 2]에는 '그림판', [데스크톱 3]에는 '크롬', [데스크톱 4]에는 '계산기'를 실행해 봅니다.

부록 — 키보드의 기능 알아보기

키의 역할 알아보기

기능 키

- **Esc** : 실행 중인 명령을 취소할 수 있습니다.
- **F1** : 도움말을 실행할 수 있습니다.
- **F2** : 파일이나 폴더의 이름을 바꿀 수 있습니다.
- **F3** : 검색창을 실행할 수 있습니다.
- **F4** : 실행 중인 프로그램을 닫을 수 있습니다.
- **F5** : 접속 중인 페이지를 새로 고칠 수 있습니다.
- **F6** : 브라우저에서 클릭하지 않아도 주소창이 선택됩니다.
- **F7** : 워드나 엑셀 등 프로그램에서 맞춤법 검사를 시작할 수 있습니다.
- **F8** : 윈도우 부팅 시, 안전모드로 변경할 수 있습니다.
- **F9** : 크게 사용하는 기능은 없습니다.
- **F10** : 메뉴를 실행할 수 있습니다.
- **F11** : 현재 실행 중인 화면을 전체화면으로 확대할 수 있습니다.
- **F12** : 브라우저에서 개발자 도구를 열 수 있습니다.

특수 키

- **Print Screen** : 화면을 캡처하거나 캡처 도구로 캡처할 수 있습니다.
- **Back space** : 깜빡거리는 커서를 기준으로 왼쪽의 글자를 지울 수 있습니다.
- **Delete** : 깜빡거리는 커서를 기준으로 오른쪽의 글자를 지울 수 있습니다.
- **Enter** : 명령을 입력하거나 줄 바꿈을 실행할 수 있습니다.
- **Insert** : 삽입/수정 상태를 전환할 때 사용합니다.
- **Home** : 텍스트를 입력할 때 커서를 맨 처음으로 이동시킬 수 있습니다.
- **End** : 텍스트를 입력할 때 커서를 맨 뒤로 이동시킬 수 있습니다.
- **Num Lock** : 키보드 오른쪽 숫자패드의 기능을 켜고 끌 수 있습니다.
- **Tab** : 8개의 공백을 입력하거나 다음 칸으로 이동을 할 수 있습니다.
- **Caps Lock** : 영어 입력 시, 대소문자를 바꿀 수 있습니다.
- **Ctrl** : 단독으로 사용할 수 없으며, 다른 키와 조합해서 사용합니다.
- **Shift** : 키보드에서 쌍자음 등을 입력하거나 일시적으로 영어의 대소문자를 바꿀 수 있습니다.
- **Alt** : 단독으로 사용하면 메뉴로 이동하지만, 다른 키와 조합해서 쓸 때는 여러 가지 기능을 사용할 수 있습니다.
- **한/영** : 입력 시, 한글이나 영어로 입력되는 문자를 전환할 수 있습니다.
- **한자** : 한글을 한자로 바꿀 수 있습니다.
- **Space Bar** : 공백(한 칸 띄우기)을 입력할 수 있습니다.

K마블 소개

아카데미소프트와 코딩아지트의 컴교실 타자 프로그램

[K마블이란?]

[K마블 인트로]

▶ 아직도 막 쳐! **'K마블'** 이라고 들어봤니?
▶ 키보드타자 + 마우스 + 문제해결능력은 물론 **블록코딩**과 **학습게임**까지
▶ 타자치는 인공지능 로봇 **키우스봇**과 함께하는 학습게임 타자 프로그램
▶ 모든 연습 내용은 **문해력**에 필요한 단어, 문장으로 구성
▶ 대전게임, 단어 연상 게임, 그래픽 고도화가 **업데이트** 되었습니다. 앞으로도 사용자 환경등 **지속적인 업데이트** 예정입니다.

K마블이 V 1.1로 업데이트 되었어요!
영어 버전도 준비하고 있어요^^

전체 메뉴

K마블 튜토리얼

커스텀 프로필

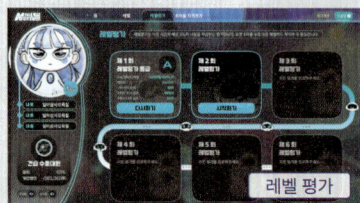
레벨 평가

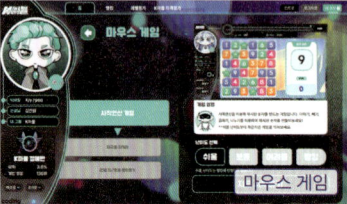
마우스 게임

온라인 대전

▶ **커스텀 프로필**
자신의 케릭터를 꾸밀 수 있는 기능이 추가되었습니다. 케릭터의 머리, 얼굴, 옷, 장신구를 변경하여 자신만의 개성있는 케릭터를 만들어 봅니다.

▶ **레벨평가 시안성**
레벨평가 화면이 이전 화면 보다 보기 좋게 변경되었습니다. 배운 내용을 복습하여 높은 점수에 도전해 봅니다.

▶ **마우스 학습 게임 - 사칙연산 게임**
사칙연산을 이용해 제시된 숫자를 만드는 게임입니다. 난이도에 따라 더하기, 빼기, 곱하기, 나누기를 이용하여 제시된 숫자를 만들어 봅니다. 쉬움 난이도부터 게임을 익혀 봅니다.

▶ **온라인 대전 게임 - 영토 사수 작전**
친구들과 일대일 온라인 대전 게임으로 오타 없이 빨리 타자를 입력하여 영토를 지배하는 게임입니다. 비슷한 타수의 친구와 대결하면 재미있는 승부를 볼 수 있습니다.

 ※ K마블 영어 버전은 2025년 상반기에 출시될 예정이에요^^

컴퓨터 타자 활용 능력 자격 평가 안내

컴퓨터 자격증의 시작!
컴퓨터 타자 활용 능력

| 시행처 : 국제자격진흥원

[민간자격등록]
K마블 한글타자(2024-001827)
K마블 영문타자(2024-002318)

▶ 자격증 개요
'컴퓨터 타자 활용 능력' 자격 평가 시험은 컴퓨터 입문자를 위한 기초 자격시험으로 ITQ 및 DIAT 등 컴퓨터 자격시험 이전에 간단한 타자 능력을 평가하는 기초 자격 평가 시험입니다.

▶ 시험 과목 및 출제 기준
컴퓨터 기초 이론 + 마우스 + 키보드(타자) + 문제해결능력(블록 코딩)으로 구성

시험과목	시간	문항수	배점	등급
컴퓨터 기초 이론	10	10	100	A등급 → 900점 이상
마우스 사용 능력	10	2	300	B등급 → 800점 이상
키보드(타자) 사용 능력	10	2	300	C등급 → 700점 이상
문제해결능력	10	2	300	D등급 → 600점 이상

▶ 자격증 특징
✓ **누구나 쉽게 온라인으로 진행**
- 교육기관에서는 단체 시험을 누구나 쉽게 온라인으로 원서접수 및 자격시험을 볼 수 있습니다.
- 교육기관은 교육 현장에서 교육 후 바로 시험을 볼 수 있습니다.
- 개인 응시자도 방문 접수 및 집체 시험 없이 온라인으로 원서접수 및 자격시험을 볼 수 있습니다.

✓ **타자 능력을 평가하는 컴퓨터 기초 시험입니다.**
- OA 과정 또는 ITQ 및 DIAT 등 컴퓨터 전문 자격증을 취득하기 이전에 필요한 기초 타자 자격 시험입니다.
- 컴퓨터를 처음 접하는 입문자들에게 컴퓨터 기초 지식과 타자 및 마우스 사용 능력을 평가하는 시험입니다.

✓ **학습과 시험이 간단 명료합니다.**
- K마블과 교재로 학습하고 해당 내용에서 출제하는 간단한 시험입니다.

✓ **모든 시험이 CBT 방식으로 컴퓨터에서 모두 시행됩니다.**
- 시험의 모든 과목이 컴퓨터에서 진행됩니다.

※ **2025년 상반기 첫 시험**이 시행됩니다. (별도 공지)

아카데미소프트 홈페이지 소개

새롭게 리뉴얼된 아카데미소프트 홈페이지!!

▶ **선생님**과 더 가까이!
▶ 쉽고 빠르게 자료 **다운로드**
▶ 다양한 & **주요 정보**는 선생님과 **신속 공유!**

새롭게 개편될
2025년
아카데미소프트 홈페이지

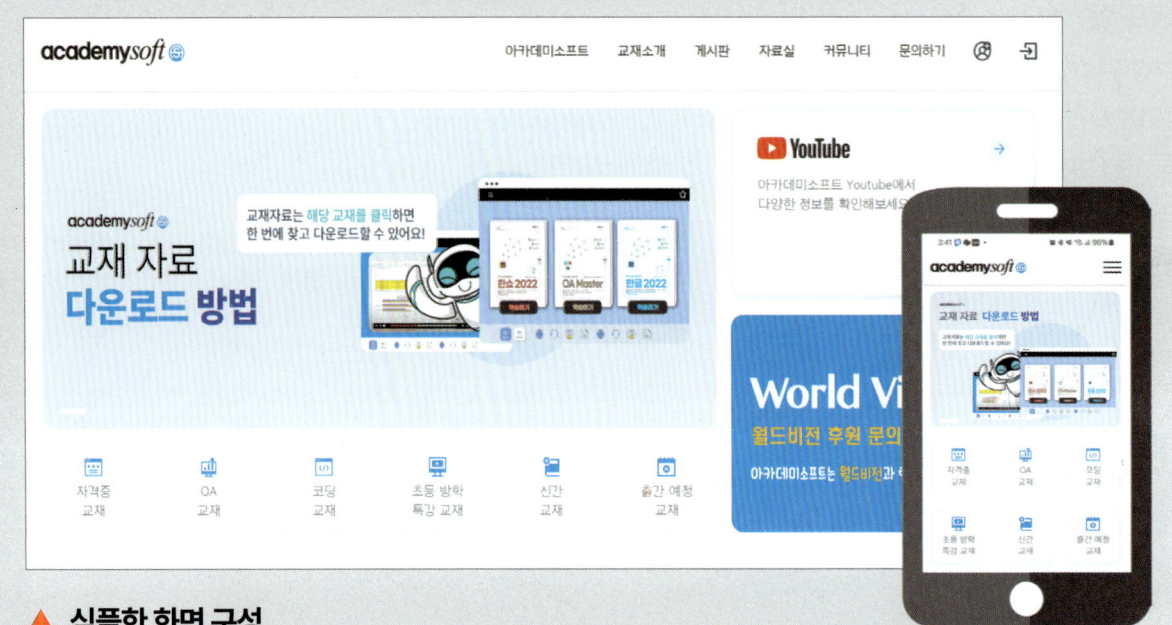

▲ **심플한 화면 구성**
교재 정보와 해당 자료를 쉽게 찾을 수 있도록 구성하였습니다. 또한 바로 가기 메뉴에는 자주 사용하는 핵심 메뉴로 구성되었습니다. 또한 스마트폰과 태블릿 PC에서도 홈페이지 화면을 최적화 하여 모든 자료를 볼 수 있습니다.

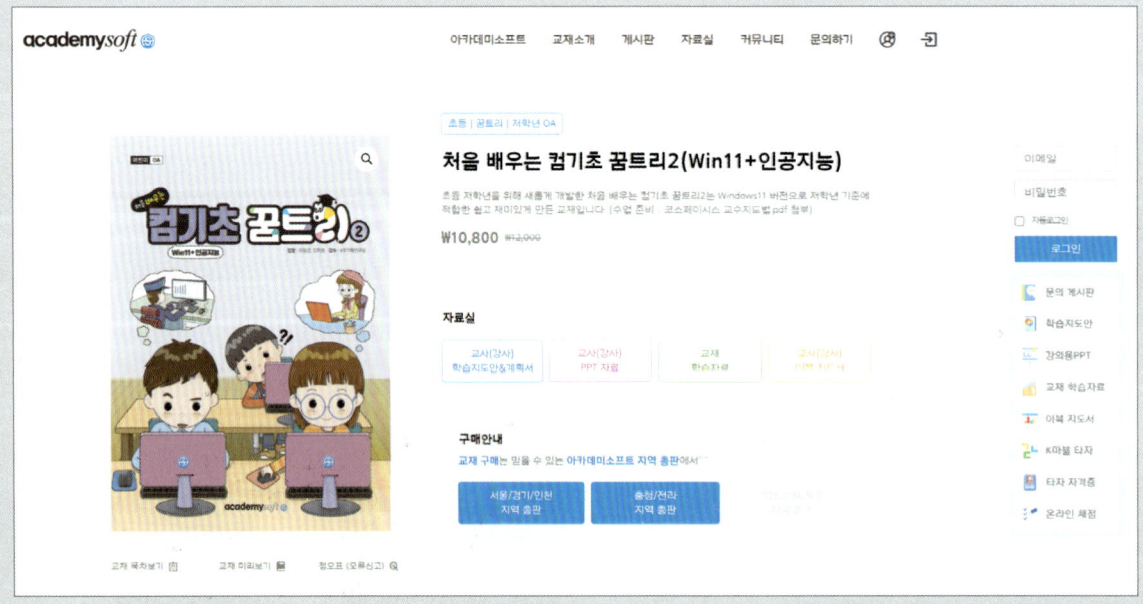

▲ **원 클릭 다운로드**
교재 상세 페이지는 교재 설명과 자료를 모아 놓았습니다. 해당 교재 클릭 후 오른쪽에 쉽고 빠르게 다운로드 받을 수 있도록 메뉴를 배치 하였습니다.